novum ▲ premium

Susanne Hauf

Echt!Hauf

Wie wir sprechen
und wie wir etwas sagen

**Folgen wir der Stimme unseres Körpers,
folgen andere unserer Stimme**

novum premium

Dieses Buch ist auch als
e-book
erhältlich.

© 2024 novum publishing gmbh
Rathausgasse 73, A-7311 Neckenmarkt
office@novumverlag.com

ISBN 978-3-99130-604-7
Lektorat: Dr. Annette Debold
Umschlagfoto:
Elena Torre | Dreamstime.com;
www.hoffotografen.de,
Fotografin: Christine Blohmann,
Stylistin: Kerstin Seider
Umschlaggestaltung, Layout & Satz:
novum Verlag
Innenabbildungen: dreamstime.com,
Christian Rothenhagen,
Schulz von Thun Institut,
Susann Reck

www.novumverlag.com

Bibliografische Information
der Deutschen Nationalbibliothek:

Die Deutsche Nationalbibliothek
verzeichnet diese Publikation in
der Deutschen Nationalbibliografie.
Detaillierte bibliografische Daten
sind im Internet über
http://www.d-nb.de abrufbar.

Druckprodukt mit finanziellem
Klimabeitrag
ClimatePartner.com/16547-2311-1001

Echt!Hauf

Folgen wir der Stimme unseres Körpers,
folgen andere unserer Stimme

Wie wir sprechen und wie wir etwas sagen
Eine Konklusion von Susanne Hauf

Für meine Tochter Liz
meine Mama
meine Herz-Familie

Für meine Lebensgefährt:innen
und Wegbegleiter:innen

Inhaltsverzeichnis

Vorwort

Wie kommt eine Sozialpädagogin dazu, Sprecherin und schlussendlich Trainerin für Stimme und Kommunikation zu werden, und wieso schreibt sie dann auch noch ein Buch?

Geboren und aufgewachsen im schönen Rheinhessen in Ingelheim am Rhein – der Rotweinstadt – verschlug es mich nach dem Abitur in die große, facettenreiche Stadt Frankfurt am Main, in der ich an der Fachhochschule Ffm Sozialpädagogik studierte, viel Theater spielte und tanzte, meine Ausbildung in personzentrierter Gesprächsführung absolvierte, u. a. für bessere Studienbedingungen demonstrierte und streikte, eben ein erfülltes Leben als Studentin führte.

Carl Rogers und sein personzentrierter Ansatz zogen mich von Anfang an in ihren Bann, sodass ich ihm auch meine Diplomarbeit widmete und ein Konzept für Praxisreflexion und Supervision in der sozialen Arbeit entwickelte.

Nach dem Studium machte ich mein Anerkennungsjahr beim Jugendamt der Stadt Ffm im Bereich Jugendpflege und arbeitete danach in verschiedenen Jugend- und Kultureinrichtungen und im Bereich der aufsuchenden Jugendarbeit/Streetwork.

Berufsbegleitend studierte ich „Personzentrierte Beratung und Krisenintervention" und diplomierte erfolgreich.

Ich nahm Gesangsunterricht und sang in verschiedenen Bands als Backgroundsängerin.

Mein Erlerntes teilte ich im Rahmen der feministischen Mädchenarbeit im Jugend- und Kulturzentrum Frankfurt-Höchst mit einigen jungen Frauen und gründete eine multikulturelle Mädchenband, die „Female Differences".

Während dieser Arbeit begriff ich, dass es nicht zwingend ein klassisches Beratungssetting braucht, um tiefe und zielführende Gespräche und Beratungen zu führen, sondern dass oftmals auch ein anderer Anlass, ein Medium, wie hier die Stimmen, geradezu beiläufig Tür und Tor zum innersten Kern öffnet.

Gerade in diesem Moment, beim Schreiben dieser Zeilen, wird mir einmal mehr klar, wie offensichtlich bereits damals die Arbeit mit den Stimmen dieser Jugendlichen mit der Seele, dem Körper und der Persönlichkeit verbunden ist.

An dieser Stelle beweist das für mich nochmals in der Rückschau vieles von dem, was ich im Folgenden darlegen werde, da es bereits damals „einfach funktionierte", ganz intuitiv und selbstverständlich.

Zum professionellen Sprechen kam ich regelrecht „zufällig", mein Interesse für Stimme und darstellendes Spiel war quasi bereits genauso alt wie ich selbst. Mein Herz lag mir irgendwie auch schon immer auf der Zunge.

Also kam, was kommen musste. Warum nicht das Hobby zum Beruf machen? Geschenkte Gaben und Talente sollte frau nicht verkümmern lassen.

„By changing nothing, nothing changes –
Wenn man nichts ändert,
ändert sich nichts."
*(gehört von Gabriele Sons **1**)*

Ich hatte das große Glück, von einem Redakteur eines großen Privatsenders regelrecht „entdeckt" zu werden, und begann so meine Karriere als Sprecherin ziemlich unbedarft und unvorbelastet bei eben diesem Fernsehsender in der On-air-Promotion als Sprecherin für Trailer und Eigenwerbung. *(Auf ewig DANKE, lieber Ralf Rüdiger Faßbender)*
Dieser Spagat zwischen Storytelling und Werbung, das Spielen mit Nuancen der Stimme und des Ausdrucks fasziniert mich bis heute.

Ich suchte mir private Sprechtrainer:innen, übte viel und schärfte mein Bewusstsein für das gesprochene Wort und die Facetten der menschlichen Stimme. Die Voraussetzungen waren gut, und so begann ich meine durchaus erfolgreiche Karriere als Profisprecherin.

Schnell merkte ich, wie wichtig es für meine Glaubhaftigkeit und Authentizität beim Sprechen ist, mich selbst mit meiner ureigensten Stimme und Persönlichkeit ans Mikrofon zu bringen, mit allen mir eigenen Gesten und meiner ganz eigenen Art zu sprechen.

Das alles ist nun bereits über 25 Jahre her und ergibt jetzt erkennbaren Sinn, indem sich der Kreis aus allen Stationen meines Lebens, meinen Erfahrungen, gewürzt und ergänzt mit diversen Fortbildungen *(Vita im Anhang)* schließt und mich zu der Frau und der Trainerin für Stimme und Kommunikation gemacht hat, die ich bin.

Ein- und Anleitung

**Folgen wir der Stimme unseres Körpers,
folgen andere unserer Stimme**

Echte, authentische Kommunikation ist die Verbindung dessen, wie wir sprechen und wie wir etwas sagen.

*„Jeder Mensch ist bestrebt zu wachsen und
seine Bedürfnisse zu befriedigen, für sich
und gemeinsam mit anderen [...]"
(vgl. Beate Brueggemeier 2)*

Wie wir sprechen, welche Intonation und Intention wir in unsere Stimmen und unsere nonverbalen Signale legen, spiegelt sich im Verständnis und in der Wahrnehmung unseres Gegenübers.

Positive Wertschätzung, Empathie und Kongruenz (vgl. Carl R. Rogers) sind die Grundlagen und Stützpfeiler für uns selbst, mit uns selbst und in der Interaktion mit anderen. So wie ich mit mir selbst kommuniziere, so äußere ich mich auch in meinen Beziehungen, am Arbeitsplatz, im Freizeitbereich, eben überall dort, wo ich auf andere Menschen treffe, in Kontakt gehe. Wie ich spreche und wie ich etwas sage, ist entscheidend dafür, wie ich meine Ziele, Ideen, meine Produkte und vor allem mich selbst präsentiere und vertrete.

Die *technokratischen* Entwicklungen der letzten Jahrzehnte, verschärft durch die Maßnahmen zum Eindämmen der Pandemie seit 2020, zwangen uns, unsere echten, realen Kontakte mehr und mehr einzuschränken, andere Menschen über lange Zeit nur auf kleinen Kacheln zu sehen und wahrzunehmen. Eine Menge davon ist geblieben. Das führt sicherlich zu einem effektiven und zeiteffizienten Arbeitsalltag, vieles bleibt dabei aber auf der Strecke. In Kontakt sein heißt mehr, als sich zu sehen, sich zu besprechen, Arbeitsabläufe zu bewältigen oder sich im privaten Bereich „upzudaten". Kommunikation lebt vom wahrhaftigen Kontakt, der durch Nähe, durch aktives Zuhören und Gehört-Werden, durch Schwingungen, die online sicherlich noch schwerer zu spüren sind, entsteht.

Technokratisch

„Das Adjektiv technokratisch beschreibt eine Form der Regierung oder der Verwaltung, die auf wissenschaftlichen Erkenntnissen, statistischer Kontrolle und Rationalität beruht. Dabei stehen Effizienz und die Ausrichtung auf Sachzwänge im Vordergrund, individuelle Freiheit und demokratische Willensbildung dagegen tendenziell im Hintergrund. Der deutsche Begriff wurde aus dem gleichbedeutenden englischen technocratic entlehnt und ergibt sich aus der Zusammensetzung der altgriechischen Ausdrücke techne (Fertigkeit) und kratos (Macht, Herrschaft; auch der Gott der Macht in der griechischen Mythologie)."
(https://neueswort.de/technokratisch/#wbounce-modal 3)

In allen Bereichen des Lebens, der Arbeitswelt (auch virtuell) geht es um Atmosphäre. Wenn eine entspannte, zugewandte, freundliche, mit positiven Energien aufgeladene Atmosphäre herrscht, erreicht man beim Sprechen, Präsentieren und in der Kommunikation das bestmögliche Ergebnis.
Es entsteht eine erhöhte Motivation, eine gesteigerte Kreativität sowie der Mut, zu sich zu stehen, sich zu zeigen, über sich hinauszuwachsen und die ureigene Stimme in Solidarität zu erheben.
Es geht um die wahrhaftigen kleinen Unebenheiten, die möglicherweise auf den ersten Blick gewissen Standards nicht ent-

sprechen, nicht „perfekt" sind, am Ende aber eine Nahbarkeit schaffen, der man sich nicht entziehen kann.

Es geht um Echtheit, um Authentizität und um den *zweiten Blick*.

Wir sind häufig umgeben von negativen Energien. Überall, in allen Lebensbereichen. Je komplexer die Bereiche sind, desto größer wird die Gefahr für vielschichtiges Auseinanderdriften, den Verlust von Wertschätzung und positiver Akzeptanz durch ein zu hohes Arbeitsvolumen, Zeitmangel oder Erfolgsdruck. Ohne es zu bemerken, lassen wir es zu, dass uns Negativität, Pessimismus und Schwarzmalerei übermannen. Wir schwingen uns auf sie ein, fangen an, uns selbst und unsere Umwelt nicht mehr positiv wahrzunehmen und zu erleben. Und wir verändern uns in eine Richtung, die nicht mehr unserem eigentlichen positiven Selbst gerecht wird. Wir beginnen an uns zu zweifeln, an unseren Werten, unserer inneren Stimme, unserem ureigenen Wesen. Wir beäugen das Tun oder Nicht-Tun der anderen, definieren uns im Außen, erlauben Be- und Verurteilungen, misstrauen unseren eigenen Bedürfnissen und Wahrnehmungen, verlieren unsere Selbstachtung.

Social Media, digitale Vernetzung, virtuelles Leben und Arbeiten vereinnahmen schon lange einen großen Teil unseres täglichen Lebens. Kreativität und vor allem Flexibilität sind gefragter denn je, technisches Know-how und *up to date* zu sein sind geradezu existenzsichernd.

Diese Entwicklungen können durchaus positiv bewertet werden, wenn sie der Vernetzung, der schnellen Verfügbarkeit und der Nachhaltigkeit dienen.

Leider bietet die anonyme, virtuelle Welt andererseits aber auch Spielwiesen für eine Meinungsfreiheit, die manchmal Formen annimmt, die an Negativität, Realitätsverlust und diskriminierendem Verhalten nicht zu überbieten sind, und zwar in alle Richtungen und jeder Couleur. Allein im stillen Kämmerlein wird dann mal so richtig dem Ärger Luft gemacht, es werden Schuldige gesucht und gefunden, (virtuelle) soziale Kontrolle findet nur in Maßen statt, Sanktionen sind nicht so leicht zu befürchten. Künstliche Algorithmen zeigen gefilterte „Wahrheiten".

Das kann so manches Bild verzerren, eintrüben, verstärken und verhärten. Wir werden auf uns und unser eigenes Erleben, unsere subjektive Sicht und Selektion zurückgeworfen, haben weniger echten Austausch mit anderen, weniger soziale Interaktion und Regulierung.

Unsere Kommunikation reduziert sich auf das Wesentliche und verliert somit zwangsläufig an produktiver Emotionalität, echter Nähe und Tiefe.

> *„Wer sich öffnet, kommt weiter."*
> *(Beate Brueggemeier 4)*

Wir alle wünschen uns eine Kommunikation gegenseitiger Wertschätzung, die auf Gemeinschaft, Solidarität und Kooperation statt auf Konkurrenz und Misstrauen basiert, mit dem Ziel, uns sicher und zufrieden zu fühlen. Eine zielführende, klare Kommunikation auf Augenhöhe führt zu konstruktiven Vereinbarungen, zu Anerkennung und Kreativität sowie zur Erfüllung grundlegender Bedürfnisse. Transparenz, Klarheit und Effizienz sind wichtige Bedürfnisse für jeden Menschen. *(vgl. Beate Brüggemeier 5)*

> *„Es gibt eine Kommunikation, die trennt,*
> *und eine, die verbindet.*
> *Gewalt liegt in den Worten, die wir ganz*
> *selbstverständlich und häufig unbewusst benutzen."*
> *(Beate Brueggemeier 6)*

Wie wir uns in den unterschiedlichen Lebensbereichen selbst treu bleiben, unsere Stimme in Klarheit erheben, kommunikativ, entspannt, gelassen, solidarisch und offen für Neues bleiben und wie wir uns auch mal durch die Dunkelheit, durch lichtlose Phasen manövrieren können, uns trauen, uns Unterstützung zu suchen ... darum geht es in diesem Buch.

Ich habe die tiefe Überzeugung, dass es sich in einer Gesellschaft leichter lebt, die wertschätzend, authentisch und gut gestimmt kommuniziert, sich auf ihren positiven Kern besinnt und bedürfnisorientiert ist, zusammen und jede/r für sich. Deshalb schrieb ich dieses Buch.

Denn klare, ausbalancierte Kommunikation ist Liebe, und davon wünsche ich mir mehr in dieser Welt.

Ich liebe Zitate! In meinen Konzepten, beim Unterrichten, bei meinen Social-Media-Posts. Und im Grunde füge ich nur bereits bestehende Gedanken, Theorien und Konzepte anderer kluger Menschen mit meinem eigenen Wissen, meinen (Berufs-)Erfahrungen, Erlebnissen, Wahrnehmungen und Schlussfolgerungen zu den Themen *Stimme und Kommunikation* zusammen. Es ist meine ganz persönliche Konklusion, eben *Echt!Hauf,* verbunden mit und auf Basis von verschiedenen Theorien, Methoden und Zitaten, und ehrlich gesagt war ich bis zum Schluss selbst gespannt, wo genau mich das hinführt, welche Umwege ich dabei gehen werde und wie sehr ich dabei wachsen kann.

> *„Manchmal muss man sich verwickeln,*
> *um sich zu entwickeln."*
> *(Dr. Axel Schulz* **7**)

Die *Blume des Lebens*, die oben auf der ersten Seite zu finden ist, steht unter anderem für Harmonie und Balance, für mich somit auch für *Ein-Klang*, deshalb habe ich sie gewählt. Ich habe mich in der direkten Anrede für die großgeschriebene Variante (Dich, Du, Dein usw.) entschieden. Auch wenn es vielleicht *oldschool* ist, so empfinde ich es respektvoll und wertschätzend, mir für Dich die Zeit zu nehmen, die Umschalttaste zu drücken.

Ich verweise an einigen Stellen auf Songs *(zu finden ist die Playlist Echt!Hauf, die mich durch dieses Projekt begleitet hat, auf Spotify und Apple Music oder schriftlich zum Selbsterstellen im*

Anhang) und Videos, die auf allen gängigen Streaming-Kanälen zu finden sind, zur Unterstützung und Inspiration.

Außerdem gibt es 6 QR-Codes, die zu geführten Entspannungs- und Focusing-Audios sowie vertonter Lyrik auf meiner Website www.susannehauf.berlln landen. Sie sind ein essenzieller Bestandteil meines Konzeptes.

Die Sprachaufnahmen aller Audios sind nur sehr spartanisch bearbeitet, so echt wie möglich im jeweiligen Moment gefühlt und in einem Rutsch eingesprochen.

Die professionelle Sprecherin in mir nimmt sich dabei natürlich auch ihren Raum, sobald sie ein Mikrofon vor dem Mund hat.

Die Audios zum Mimachen sind mit Musik und Klangteppichen unterlegt. Zusätzlich zur Sprache soll im Unbewussten ein Resonieren und Schwingen angeregt werden.

Musik und Sprache bilden ein Zusammenspiel, das *bifokal stimuliert.*

Bifokale/Bilaterale Stimulation

bezieht sich auf die Verwendung von visuellen oder auditiven Reizen, um gleichzeitig mehrere Sinne oder Bereiche des Gehirns zu stimulieren. Dieser Ansatz fördert die neurologische Plastizität, das ist die Eigenschaft des Gehirns, durch Training veränderbar zu sein. Bifokale Stimulation bedeutet auf zwei Ebenen zu stimulieren und dadurch beide Gehirnhälften gleichermaßen zu aktivieren. Bewirkt wird eine Verminderung des Stresserlebens.

Musik mit bilateraler Stimulation ist so aufgebaut, dass der Takt jeweils von links nach rechts geht, sich also abwechselt. Teile der Musik wechseln mit jedem Taktschlag die Seite und damit das Ohr. Die Gehirnhälften werden dadurch abwechselnd aktiviert.

(Interessant hierzu u. a. Vandenhoeck & Ruprecht, Traumatherapie mit EMDR: Ein Handbuch für die Ausbildung. Deutschland, 2016.)

Ich empfehle ein smartes Gerät und gute Kopfhörer oder Lautsprecher griffbereit zu haben.
Möglicherweise ist es auch eine schöne Idee, dieses Gesamtwerk gemeinsam mit Kolleg:innen, Freund:innen oder der Familie zu erleben.
Ein gut gestimmter, kommunikativer Tag.
Denn darum geht es.

In der Rückschau war die Zeit der Entstehung dieses Buches – von der Idee bis zum Schreiben und schlussendlich der Hörbuchproduktion – die herausforderndste und wundervollste Reise meines Lebens.
Ich habe eine hohe Form der Liebe, Solidarität und Unterstützung auf vielen Ebenen erlebt, die mich immer wieder aufgerichtet und mir Mut gemacht haben, wenn Widrigkeiten, Zweifel, Dunkelheit und Schmerz zu Besuch kamen.
So war auch der krönende Abschluss, die Hörbuchproduktion mit dem Produktions-A-Team, meiner zauberhaften Tochter sowie meinen wundervollen Wegbegleiterinnen, die mir hierfür ihre Stimmen schenkten, von so viel Herzblut und Leidenschaft begleitet, dass mein größter Wunsch ist, das all dies durch die Zeilen schwingt und Dich erreicht.

Also, gerne noch Matte und/oder Decke bereitlegen – und los geht's!

1 Wozu erforschen, wie wir sprechen?

Ich beginne mit der Erforschung der Stimme, des Sprechens und widme mich dann im Anschluß der Kommunikation, dem Etwas-Sagen, um schlußendlich beides miteinander zu verbinden.

Am Anfang war die Stimme.
Wenn wir das Licht der Welt erblicken, zeigen wir mit unserem Schreien – auf das alle Anwesenden warten und hoffen – dass wir leben, atmen, uns kundtun.
Innerhalb kurzer Zeit lernen unsere Eltern von uns, die verschiedenen Klangfarben und Nuancen zu deuten und unsere Bedürfnisse daraus zu erkennen. Unsere Laute zu verstehen. Wenn sie denn wirklich hin- und zuhören.
Leider ist das nicht ganz selbstverständlich und nicht jedem neuen Menschenkind gegönnt, weil dessen Eltern empathisches Zuhören aufgrund ihrer Situation, ihrer eigenen Erfahrungen und Lebensumstände nicht möglich sein könnte.
Um so wichtiger ist es, sich nun einmal neugierig und interessiert mit unserem ureigenen Instrument zu befassen.
Mit unserer bedürfnisorientierten Stimme, die unser Inneres nach Außen trägt.

Starten wir doch gleich mit einer wunderbaren *progressive Muskelentspannung frei nach Edmund Jakobsen*

Passwort: Audio
Progressive Muskelentspannung frei nach Edmund Jakobsen
Musik und Sounddesign: Stefan Hahn

Ich hoffe, Du konntest die Übung für Dich nutzen, bist gut in Deinem Körper angekommen und fühlst Dich wohlig entspannt.

Progressive Muskelentspannung

Seit vielen Jahren begegnet mir diese Entspannungsübung immer wieder, unter anderem in der Schmerztherapie. Die Progressive Muskelentspannung ist auch für „Entspannungs-Einsteiger:innen" gut geeignet und sehr wirkungsvoll. Oftmals findet man sie als Progressive Muskelrelaxation (PMR). Sie wurde 1938 von dem amerikanischen Physiologen Edmund Jacobson entwickelt. Progressiv (fortschreitend, schrittweise steigernd) bedeutet hier, dass verschiedene Muskelgruppen einbezogen werden, die gezielt angespannt und wieder entspannt werden.
Der Körper wird bei der Anspannung in eine Stresssituation versetzt, der Fokus liegt auf dem anschließenden Entspannen. Die PMR hat den Effekt, dass sich die Entspannung von einzelnen Muskeln und Muskelgruppen auf den gesamten Körper (progressiv) überträgt.
Sie ist sehr alltagstauglich und mit etwas Übung einfach praktizierbar. Wir können so, zunächst auf körperlicher Ebene, lernen, unter Stress loszulassen.
Ich habe sehr gute Erfahrungen damit gemacht, jedes Stimm- und Kommunikationstraining damit zu beginnen, weil PMR in eine gute Ausgangsposition versetzt und hilft, die Stimme des Körpers zu erspüren. So habe ich sie speziell mit dem Fokus auf unseren Stimmapparat etwas adaptiert.
(vgl. Edmund Jacobson 8)

Das Erforschen und sich Vertrautmachen mit der ureigenen Stimme, der Indifferenzstimme, ist der erste Schritt hin zu authentischem und wahrhaftigem Sprechen. Dies geschieht auf körperlicher, emotionaler und geistiger Ebene.

Ich vertraue darauf, dass jeder Mensch die Sehnsucht in sich trägt, sich authentisch auszudrücken, wertschätzend zu kommunizieren und zu wachsen. Für sich selbst und im Kontakt mit anderen.

Wertschätzende, gewaltfreie Kommunikation und der in Klarheit entspannte Einsatz der Stimme sind nicht voneinander zu trennen. Spannungsfreies Sprechen ermöglicht wertschätzende und achtsame Kommunikation. Der Einklang der körperlichen, emotionalen und geistigen Ebene begünstigt – bereits rein stimmlich – Botschaften, Bedürfnisse und Anliegen eindeutig, glaubhaft und somit selbstbewusst dem Gegenüber zu vermitteln.

Über die *Spiegelneuronen* übertragen sich Spannungen der/des Sprechenden auf den oder die Zuhörende und erzeugen Missstimmungen und/oder Konflikte.

Spiegelneuronen, die Schlüssel zur Empathie

Wir haben es alle schon erlebt, dass wir Handlungen oder Gefühlsäußerungen unseres Gegenübers angenommen und augenblicklich imitiert haben.

Jemand lächelt Dich an – Du lächelst zurück. Eine Kollegin gähnt, Du gähnst unverzüglich mit, jemand stößt sich den kleinen Fußzeh heftig an, Du fühlst den Schmerz sofort auch. Die Bewegung der/des anderen wird auf körperlicher Ebene empathisch nachvollzogen und unbewusst, ohne Reflexion und unmittelbar verstanden.

Aufgrund dieser Fähigkeit, eine innere Imitation/Spiegelung des Gegenübers herzustellen, nennt man die dafür verantwortlichen Nervenzellen Spiegelneuronen.

Sie sind in unserem Gehirn dafür verantwortlich, dass wir mitfühlend auf unsere Mitmenschen reagieren und ihre Gefühle nicht nur erkennen, sondern auch spüren können. Spiegelneuronen machen uns zu sozialen Wesen und schaffen die Grundlage für Verständnis, Empathie und Kommunikation. (vgl. Nadia Zaboura **9**)

Es ist wichtig, drei Ebenen in die Beschäftigung mit Stimme und Kommunikation einzubeziehen: Die individuelle Persönlichkeit, die ureigene Stimme und das Sprechverhalten bzw. die eigene Sprache.

Dabei gilt es, geschlechtsspezifische, kulturelle und altersgemäße Kommunikationsstandards/-codes, -strukturen und -besonderheiten zu berücksichtigen.

1.1 Begegnung mit der inneren Stimme

Das Erforschen der ureigenen Stimme und der Kommunikationsweisen ist der erste Schritt auf dem Weg zum authentischen Sprechen, um etwas wertschätzend zu sagen.

Mit dem Wissen über die eigenen Stärken und Ressourcen entwickeln wir unseren ganz persönlichen Sprech- und Kommunikationsstil, den wir glaubhaft und wahrhaftig nach außen tragen können.

So wie wir uns sehen und fühlen, so sehen wir auch die Welt und bringen unsere Gedanken, Sichtweisen und Wahrnehmungen in Kontakt mit anderen Menschen. Unsere innere Stimme weist uns dabei zielgenau den Weg, wenn wir ihr zuhören. Das Fokussieren auf die Stimme unseres Körpers erfordert Offenheit, Vertrauen und Mut, sich selbst zu begegnen und gewahr zu werden, sich zu berühren. Allen Facetten und Nuancen zuzuhören und Raum zu geben eröffnet uns ein riesiges Spektrum, Gefühle und Emotionen (stimmlich) nach außen zu transportieren.

Das wertfreie Kennenlernen und Begrüßen von all dem, was schon da ist, schafft bereits Wachstumspotenzial und löst ggf. innere Blockaden.

1.2 Erste Dates

Wie jedes erste Kennenlernen sollte auch die Begegnung mit der (inneren) Stimme vorurteilsfrei, zugewandt, vorsichtig und achtsam sein. Ein Wechselspiel zwischen sich annähern, umkreisen, ein bisschen flirten und auch wieder ein wenig auf Abstand gehen, im Hinblick auf den Aufbau einer Beziehung mit Bestand. Kein Zwang, kein Müssen. Die Erlaubnis, sich in spielerischer Leichtigkeit auszuprobieren, sei hier das erste Gebot.

Die innere Stimme leitet uns bewusst oder unbewusst in jeder Lebenslage und kann je nachdem, ob wir ihr zuhören oder nicht, zu Einklang oder Missstimmungen und Kommunikationsproblemen mit uns selbst führen, die sich zwangsläufig auch in den Kontakt mit anderen Menschen übertragen.

Deshalb ist es notwendig, dass wir mit unserer inneren Stimme, der Stimme unseres Körpers, eine echte Beziehung eingehen.

Neben vielen unterschiedlichen Entspannungsübungen ist Focusing *(nach Eugene Gendlin 10, Ann Weiser 11)* hier ein hilfreiches Tool, um eine erste Verbindung zwischen Themen oder Fragen, die uns beschäftigen, und körperlichen Resonanzen herzustellen und mögliche Blockaden zunächst auf physischer Ebene aufzuspüren.

Essenziell hierbei ist, Bewertungen und vorschnelle Interpretationen außen vor zu lassen und zunächst nur ins Spüren, ins Beobachten zu gehen und wertschätzend zu begrüßen, was da ist. Dies allein birgt ein großes Potenzial, Kontakt mit der inneren Stimme, zielführende Einsichten über sich und somit auch bezüglich der ureigenen Stimme und Kommunikation zu erlangen.

Denn bereits das Gewahrwerden des *felt sense* macht uns einmal mehr darauf aufmerksam, wie wichtig der Einklang von Körper, Geist und Seele ist.

Der Felt Sense

Wir können mit irgendeiner Frage, einem Thema, einer Sorge, die wir mit uns tragen und die immer wieder aufploppt, in uns hineinspüren, unsere Aufmerksamkeit und Wahrnehmung auf das „Innere" unseres Körpers richten. Das ist die Ausgangslage, um einen Felt Sense entstehen zu lassen. Wir versuchen mit dieser Frage, diesem Thema „in unseren Körper hineinzugehen". Wir versuchen mit der Stelle, dem Felt Sense, an dem wir dieses Thema körperlich spüren, in Kontakt zu treten. Begrüßen, was da ist, in Kontakt gehen, ein wenig verweilen.
In der Regel sind das die Bereiche des Oberkörpers inkl. Becken und Hals.
(vgl. Eugene Gendlin [10], Ann Weiser [11])

Dabei geht es nicht darum, mögliche Dissonanzen sofort zu lösen oder zu eliminieren, sondern schlicht darum, sie wahrzunehmen und anzunehmen.
Dies bringt eine erste Entspannung und Sicherheit.
Und wir sind ja wie gesagt auch noch bei den ersten Dates. Deshalb: Es einfach mal langsam angehen lassen, achtsam kleine Annäherungsversuche wagen und bei Bedarf sich auch wieder ein bisschen zurückziehen. Ich vergleiche das gerne mit einem Tanz, bei dem man sich zunächst seinen eigenen Tanzbereich erobert und diesen mal etwas verringert oder auch wieder ausweitet.

„Einige Paare tanzen sogar den sprichwörtlichen Kranich-Tanz. Sie hüpfen, schlagen mit den Flügeln, verneigen sich voreinander, umkreisen sich gegenseitig."
(Deutschlandfunk [12])

Tanzende Momente

*Songvorschlag hierzu: Echt!Hauf-Playlist, **Titel 1**
Arrival of the Birds – The Cinematic Orchestra*

Tanzen ist ohnehin ganz großartig geeignet, in jeder Hinsicht
in Bewegung zu kommen und mit dem eigenen Körper, der
inneren Dynamik, unserem Selbst in Kontakt zu kommen,
sich zu spüren und auch Spannungen auf körperlicher und
emotionaler Ebene abzubauen, und wenn es
nur für diesen Moment ist.
Fühle die Musik in Deinem Körper und lass
Deinen Körper mit ihr schwingen.
Resonieren lassen, spüren, fühlen.
Der Körper merkt sich das und wird es
weitertransportieren.
Achtsam und sensibel, immer wieder darauf
zurückkommen, beobachten, umtanzen.
Mit sich selbst in Kontakt kommen, sich fragen,
was es braucht und was nicht.

*„Die dunklen Gedanken lass frei,
schüttle ab das Triste,
dieses manchmal nur Grau in Grau.
Entfessle Deine Seele,
gib' ihr Raum
und tanze Mensch ... TANZE!*

*Den Dingen der Zeit den Rücken kehren,
für einen großen Moment nur glücklich sein.
MUSIK ganz laut...
TANZE!*

*TANZEN ist das sich fallen lassen
in sich selbst hinein.*

> *TANZEN ist einfach...*
> *einfach SEIN.*
>
> *(Ruth Lingenfelser für „Timeless",*
> *eine Show des Tanzstudios 77 in Luckau)*

So können wir auch nach außen treten, mit dem wohlwollenden Wissen um all unsere Verrücktheiten, Erfahrungen, Verletzungen.

Beobachten, begrüßen, beschreiben, fühlen.

Auch hier 4 Schritte, die wir später wieder beim Tool der wertschätzenden Kommunikation in gar nicht so unähnlicher Form gehen werden. (Beobachtung, Gefühl, Bedürfnis, Bitte/vgl. Marshall Rosenberg **13**)

Es gilt jeweils, die Schritte in jede Richtung zu laufen, ich zu mir und ich zu dir – du zu dir und du zu mir. Das wäre der Idealfall für das Wie beim Sprechen und das Wie beim Sagen im Hinblick auf authentische und echte Kommunikation.

Nahbar, erlebbar, mitfühlend, sehend.

Noch sind wir aber beim Daten.

Auch hier gibt es mal Fortschritte, mal Rückschritte. Zwei vor, drei zurück, vier vor, zwei zurück ... Tanzen ...

Erste Unebenheiten, Dissonanzen fallen auf, noch überdeckt von der ersten Euphorie des Sich-Kennenlernens. Und doch entscheidet sich hier bereits, wie offen und zugewandt Du mit eben diesen Befindlichkeiten, Eigenheiten und Deiner u. U. sehr eigenen Art des In-Kontakt-Tretens umgehst.

Möglicherweise ein kritischer Punkt, an dem Du Dich entscheidest, gehe ich weiter oder belasse ich es dabei. Beides ist machbar, wenn Du Deiner inneren Stimme vertraust und ihr folgst. Ich trenne hier nicht zwischen dem Umgang mit sich selbst, mit der (inneren) Stimme, mit der eigenen Kommunikation oder der nach außen. Es spiegelt sich sowieso, in jede Richtung und auf allen Ebenen. Manchmal dauert es ein wenig oder auch mal länger, den Spiegel als solchen zu erkennen, gesehen zu werden oder eben nicht, vor allem von Dir selbst. Du entscheidest, wie weit Du eintauchst in diese innere Welt mit all ihren Irrungen, Wirrungen und Erbaulichkeiten und nie gesehenen Stärken und Ressourcen. Vieles ist ja nun mal schon da, genutzt und ungenutzt, Erfahrungen, wie Du bereits zuvor mit (neuen) Situationen umgegangen bist, welcher Art auch immer. Dies sind unterschätzte Kräfte und Werkzeuge, auf die Du Deine Aufmerksamkeit richten kannst, mit dem Wissen, „so hat das ja schon einmal funktioniert". Das heißt natürlich nicht, nicht auch neue Wege und Glaubenssätze zu kreieren oder gar Altes mit Neuem zu verbinden.

Mir fällt immer wieder – in meinen Stimm- und Kommunikationstrainings und auch in jeglichen zwischenmenschlichen Beziehungen – auf, dass oftmals bereits vieles da ist und hervorgeholt werden kann, wenn es nur gesehen und angenommen wird. Hole es zunächst an die Oberfläche, betrachte es wohlwollend. Das, was da ist, das, was gebraucht wird, wie es sich anfühlt und ob es bereits bekannte, bewährte Wege gibt, auf die Du zurückgreifen kannst. Unser Körper reagiert sehr früh auf Spannungen und Dissonanzen und meldet sich, indem er in bestimmten Situationen, bei bestimmten Themen und Fragen mit einer Regung, einem Schmerz, Unwohlsein, Erschöpftheit reagiert. Bekommt er Aufmerksamkeit und Mitgefühl, so kann das auch auf emotionaler Ebene zielführend sein (und umgekehrt). Optimalerweise spürt man so Blockaden auf und/oder lernt einen Teil von sich neu kennen. Es geht um das In-Kontakt-Treten, das Gewahr-Werden, um Deine Stimme und Deine Kommunikation.

Stimme ist Körper, ist Persönlichkeit und Emotion, und so wie wir sprechen, kommunizieren wir auch, mit uns selbst und anderen.

Erforschen wir also, wie wir sprechen, so erforschen wir auch immer die Art und Weise, wie wir etwas sagen, der Fokus wechselt hin und her. Es geht um die innere Haltung, die auch die äußere bestimmt. Ja! Und ebenso umgekehrt.

Lenken wir zunächst unseren Fokus auf das Wie beim Sprechen, auf unsere Stimme, auf unsere innere (Sprech-)Haltung, auf unsere Körperhaltung, auf den Atem.

Beginne also nun zielgerichtet und mit der klaren Intention der Unvoreingenommenheit mit der Dir ureigenen Stimme, der Indifferenzstimme, zu daten: Dieses ganz persönliche Merkmal eines jeden, das noch einzigartiger ist als ein Fingerabdruck und deshalb auch zunehmend in der Forensik hilfreich ist. In diesem Fall vor allem für die Ermittler:innen. ;-)

Die Indifferenzstimme, unsere Wohlfühlstimme, liegt im unteren Drittel unseres gesamten Stimmumfangs. Es ist die Stimme der Entspannung, klingt (meist) tiefer und hat mehr Resonanz. Außerdem ist es Deine ureigene Stimme, mit der Du am glaubhaftesten und authentischsten kommunizieren kannst. In dieser Lage hast Du eine entspannte innere und äußere Haltung und bist allein aufgrund dessen überzeugend, weil Du ganz bei Dir selbst und echt bist.

Probiere das doch einfach morgens beim Aufwachen mal aus, körperlich und geistig noch in der Entspannung des Schlafs, lass ein paar zustimmende Laute oder einzelne Worte wie von selbst aus Dir herausfließen, ohne etwas zu wollen. Und dann spüre, woher diese Laute kommen, wie sie sich anfühlen, wie sie klingen, welche Bilder sich zeigen? Ziel hierbei ist, diesen Zustand, an den diese Klangfarbe gekoppelt ist, zu verankern. Wir kommen später noch dezidierter auf dieses Verankern/unseren inneren Hafen (Kapitel 2.6.) zurück, wenn wir diese Methode gezielt einüben, um in Stresssituationen loslassen zu können.

Bleiben wir noch ein bisschen beim ersten Erforschen, beim ersten Date.

Hier gilt: beobachten, spüren, nicht bewerten, loslassen.

Die Wiederholung ist es, die zu Nachhaltigkeit führt. Spielerisch erforschen, was da ist und was es braucht, um es schlussendlich abrufbar zu machen. So wie bei einem ersten Date, ist auch hier eine gute Voraussetzung, zunächst einmal vorurteilsfrei und ohne Erwartung in Kontakt zu gehen, sich kennenzulernen, erste zarte Annäherungsversuche zu wagen. Nicht zu viel, nicht zu wenig. Intuitiv sein und aufmerksam erspüren, wie weit ich gehen will, wie meine Tagesform ist.

Wir erinnern uns auch hier wieder ans Tanzen, leichtfüßig und frei von Zwängen, mit sich und dem Körper verbunden.

1.3 Die Beziehung wächst in allen Facetten

Nun hast Du Deine innere Stimme und mit ihr Deine ureigene Sprechstimme (Indifferenzstimme) ein wenig kennengelernt und Dich vielleicht auch bereits auf eine Beziehung eingelassen, in welcher Form auch immer.

Jetzt wollen wir es genauer wissen, möchten erste Vermutungen und Hoffnungen bestätigt wissen und schauen genauer hin. Wir lassen uns ein.

Und damit machst Du die Tür zu Deinem Innersten weiter auf, zu Deinem Wesen, Deiner Persönlichkeit. Je mehr Du sie öffnest, möglichst frei von Erwartungen und Bewertungen, desto durchlässiger und nahbarer wirst Du auch für andere.

„Be so completely yourself, that everyone else
feels safe to be him- or herself too." (Unknown)

Hier gilt es besonders sensibel und achtsam zu sein, birgt dieser Moment doch u. U. auch tiefliegende Ängste oder *Trigger*. Es erfordert durchaus Mut, sich diesen zu stellen, und es lohnt sich. Deine Stimme ist nun mal Dein ureigenes Instrument, das mit Dir schwingt, gut gestimmt oder verstimmt ist. Viele Menschen, die zu mir kommen, haben sich bisher nie explizit mit ihrer Stimme auseinandergesetzt und sind deshalb oftmals sehr erstaunt, wie diese klingen kann, vor allem, wenn wir entspannt sind und uns wirklich mit ihr befassen, sie wirklich wahrnehmen. Und auch wie sehr sie unsere Gefühlslagen, unsere momentane Stimmung (immer wieder interessant, wie präsent *Stimme* in unserer Alltagssprache ist), all unsere Facetten spiegelt. Und eben dieser Spiegel kommt überdies genauso beim Gegenüber an (*vgl. Spiegelneuronen, Kapitel 1*). Je mehr Du Dir dessen gewahr bist, desto organischer kannst Du Dich mit Deiner (inneren) Stimme verbinden. Ich denke, es geht viel mehr ums Begreifen und Erfahren als um das bloße Einüben und Erlernen einer bestimmten Technik. Selbstverständlich ist es unerlässlich, unser Instrument Stimme so präzise wie möglich zu bespielen, und dazu braucht es profunde Kenntnisse über Atemtechniken, Körperhaltung, Artikulation und eben alles, was es gut einstimmt und zum Klingen bringt. Doch all dies funktioniert nur, wenn Du es wirklich verstanden und im System verinnerlicht hast. Ganz individuell. Im Verbund mit Deinem Körper, Deinem Geist, Deiner inneren Stimme. Als Synergie in Ein-Klang.

1.4 Die Verschmelzung

Gelingt es uns Kontakt, eine Verbindung, eine Art Beziehung mit unserer inneren Stimme aufzubauen, so trägt sich diese auch nach außen, in all ihren Facetten. Wir erfahren, wie jegliche Emotion, jede Farbe unseres Selbst klingt und können so – ggf. sogar bei „Bedarf" – diese entsprechend wahrhaftig und glaubhaft nach außen tragen. Eine freundliche Haltung beispielsweise transportiert sich nicht dadurch, dass man das Gesagte „mechanisch" durch das Heben der Mundwinkel begleitet. Die jeweilige Empfindung sollte wirklich gefühlt hörbar sein. Ich denke schon, dass unser Instrument Stimme auch an miesen Tagen gut zum Klingen gebracht werden kann. Dazu müssen wir aber genau wissen, wie sich die unterschiedlichen Gefühle wahrhaftig anfühlen und wie sie klingen. Erst dann können wir sie auch für den Moment abrufbar machen, und im besten Fall steigert sich unsere Laune dadurch sogar derart, dass sie (zumindest für diesen Moment) komplett echt wird. Vielleicht kommt es Dir mittlerweile bekannt vor, denn auch hier haben wir wieder diesen Synergieeffekt, den wir uns zunutze machen können, je nachdem, was gebraucht wird bzw. was gerade nicht so gut stimmt.

Sehr anschaulich und mit viel Humor und Esprit veranschaulichte das Vera Birkenbihl in ihrem Vortrag „Immer schön lächeln", zu finden auf „YouTube".

Vera F. Birkenbihl – Immer schön lächeln …
https://www.youtube.com/watch?v=dySJIDTkz9s

Das Beispiel mit dem Lächeln ist natürlich noch relativ einfach umzusetzen und zu üben. Etwas kniffliger ist es, wenn Du negative Gefühle und ihren Klang erforschst und einübst, da solltest Du sehr achtsam sein. Hierzu braucht es unbedingt ein vorher wohlüberlegtes und erprobtes Tool (Psychohygiene), um diese hervorgeholten Gefühle wieder zu neutralisieren. Optimalerweise beziehen wir dabei unsere – inzwischen Lieblingsformel – „Körper – Geist – Seele" mit ein, und das gelingt wunderbar beim Tanzen, auch hier wiederhole ich mich gerne. Wiederholung ist bei der Stimmerforschung sowieso immer der beste Schlüssel zum Erfolg. Außerdem forderst und trainierst Du beim Tanzen beide Gehirnhälften gleichermaßen, was Dir einen zusätzlichen Mehrwert bringt.

Tanzen oder auch einfach nur Musik hören funktioniert gut, um in eine traurige, melancholische oder auch fröhliche, ausgelassene Stimmung zu kommen, da beides häufig mit emotionalen Erinnerungen verknüpft ist.

Machen wir uns diese kleinen verankerten Schalter zunutze.

Hier Musikempfehlungen, die sich bei mir gut bewährt haben, dem eigenen Geschmack und der Fantasie sind natürlich keine Grenzen gesetzt:

Tiefe Seelen-Momente

Um in eine eher *tiefe, dunkle, atemberaubende Stimmung*
in allen Facetten zu kommen:
Echt!Hauf-Playlist-Titel
2 Baraye – Shervin Hajipour
3 Fade to Black – Nadir Rustamli
4 Remembrance – (feat. Fleurie) Tommee Profitt
5 I Will Find You – Audiomachine

Verträumte Momente

Den *Alltag vergessen*, zur Ruhe kommen,
vor sich hin *träumen*
mit der Klaviermusik der wundervollen Aija Alsina:
Echt!Hauf-Playlist-Titel
6 To the Moon and Back –
hier auch zu finden beim Audio
zum Gedicht von Rainer Maria Rilke „Der Lesende",
7 Lullaby,
8 Rolling Like a Ball und
9 Dietro Casa – Ludovico Einaudi
10 Autumn's Waltz – Shoshana Michel
11 Purple Floyd – Stefan Hahn
Dieses Stück findest Du hier nochmal als Untermalung zum
Gedicht von Rainer Maria Rilke „Liebeslied"

Positive Chill-out-Momente

Ganz **gechillt durch den Moment surfen,** mit einem Lächeln
im Gesicht und Leichtigkeit im Herzen:
Echt!Hauf-Playlist-Titel
12 Memory Gospel – Moby
13 Sonnentanz – Klangkarusell
14 Weisse Fahnen – Peter Fox
15 Something Just like This – Coldplay live

Gute-Laune-Momente

Einfach mal Fünfe gerade sein lassen und
ausgelassen durch die Gegend hüpfen.
Launig sich aus düsteren Gefühlen *heraustanzend,*
möglicherweise damit:
Echt!Hauf-Playlist-Titel
16 She Moves (feat. Graham Candy) – Alle Farben
17 Hey Ya! – Outkast
18 I'm Gonna Getcha Good – Shania Twain

König:innen-Momente

Um sich *die Krone wieder aufzusetzen* und sich in eine
gesunde, vorwärtsgerichtete Energie zu bringen,
durchaus so:
Echt!Hauf-Playlist-Titel
19 Zukunft Pink – Peter Fox
20 Ich muss gar nix – Großstadtgeflüster
und natürlich
21 Killer Queen – Queen

Wichtig ist, dass die entsprechende Musik, der entsprechende Tanz, die jeweilige Bewegung gut in ein Gefühl hineinführt oder eben auch wieder hinaus. Optimalerweise wird jeweils eine bereits erlebte und gefühlte Emotion getriggert (*Trigger)* und von innen nach außen transportiert (oder umgekehrt). Zum Thema Trigger kommen wir später noch genauer.

2 Das Wie beim Sprechen

Nun haben wir unsere (innere) Stimme bereits ganz gut erforscht, wahrgenommen, erlebt und gespürt, jetzt wollen wir mal sehen, wie das Ganze nach außen getragen und angewendet werden kann.

2.1 Die Wirkung von Stimmen

Die Stimme ist eine Ausdrucksform des Menschen, die mehrere Komponenten gleichzeitig überträgt. Sie ist auf ihre Wirkung aus, braucht ein Gegenüber und löst bei diesem oder dieser unabhängig von den Inhalten Emotionen und Gedanken aus. (–> *Spiegelneuronen*)
Die Sprechweise beeinflusst Hörer:innen mehr als das Gesagte selbst. Die menschliche Stimme hat die Fähigkeit, das Vermögen, Laute und Töne mit einer bestimmten charakteristischen Klangfarbe zu erzeugen.

„Mündliche Sprache ist trotz der Verfügbarkeit aller modernen Medien – einschließlich des Internets – immer noch die mit Abstand im Alltag am häufigsten genutzte Form der menschlichen Kommunikation; sie ist die natürlichste Form der Kommunikation.
(...)
Neben der bloßen Bestimmung der Identität eines Menschen anhand der Stimme lassen sich viele weitere Eigenschaften über einen Menschen anhand der Stimme und der spezifischen Sprechweise ableiten. Das Alter, das Geschlecht, der Bildungsgrad, die regionale und die soziale Herkunft, der gesundheitliche sowie der momentane emotionale Zustand

können sehr zuverlässig aus dem Stimmklang und der
Sprechweise eines Menschen entnommen werden.
So erkennen wir sofort an der Sprechweise eines Menschen,
ob er gerade eher freudig, traurig, ängstlich oder ärgerlich
ist – und zwar auch dann, wenn der/die Sprecher:in uns
über den Inhalt etwas anderes vormachen möchte. Mit dem
Inhalt von Wörtern können Menschen sehr leicht lügen;
Gefühlszustände und Charaktermerkmale sind sehr viel
schwieriger im stimmlichen und sprecherischen
Ausdruck zu verstellen.
Neben den oben genannten Eigenschaften von Menschen,
die uns über die Stimme und die Sprechweise zugänglich
sind, ist die Stimme eines Sprechers/einer Sprecherin für
den Zuhörenden immer auch Ausdruck seiner Persönlichkeit
im Sinne überdauernder
charakterologischer Eigenschaften. (…)
Und in der Tat liefert uns die Stimme eines Menschen viel
mehr Hinweise auf seine Persönlichkeitsstruktur als die
visuelle Erscheinung."
*(Walter Sendlmeier **14**)*

2.1.1 Exkurs: Künstliche Intelligenz (KI)/Synthetische Stimmen

Machen wir einen Exkurs zu synthetisch erstellten Stimmen. Anhand derer möchte ich verdeutlichen, wie wichtig – vor allem im Hinblick auf wertschätzende Kommunikation – der richtige und vor allem authentische Einsatz von Stimme, Körpersprache, Mimik und Gestik für das eindeutige und echte Vermitteln und Empfangen von Botschaften auf Augenhöhe und in Nahbarkeit ist.

„Eine frühe Definition von künstlicher Intelligenz (KI)
stammt von einem ihrer Gründungsväter, Marvin Minsky,
der sie als ‚die Wissenschaft davon, Maschinen dazu zu
bringen, Dinge zu tun, deren Ausführung vom Menschen
Intelligenz erfordert' bezeichnet. Auch wenn der Kern
dieser Definition immer noch zutrifft, gehen moderne
Informatikfachkräfte noch etwas weiter. Sie bezeichnen
KI als ein System, das seine Umgebung wahrnehmen und
Maßnahmen ergreifen kann, um die Chance zu maximieren,
Ziele erfolgreich zu erreichen. Darüber hinaus ist dieses
System in der Lage, Daten so zu interpretieren und zu
analysieren, dass es lernt
und sein Verhalten entsprechend anpasst. (...)
Die Verarbeitung natürlicher Sprache ermöglicht es
Maschinen, schriftliche Sprache, Sprachbefehle oder beides
zu erkennen und zu verstehen. Dazu gehört die Fähigkeit,
die menschliche Sprache in eine Form zu übersetzen,
die der Algorithmus verstehen kann. Die Generierung
natürlicher Sprache ist ein Teilbereich der Verarbeitung
natürlicher Sprache, damit Maschinen die digitale Sprache
in eine natürliche menschliche Sprache umwandeln können.
In anspruchsvolleren Anwendungen kann die Verarbeitung
natürlicher Sprache über den Kontext die Haltung,
Stimmung und andere subjektive Aspekte herleiten, um

*die Bedeutung so exakt wie möglich zu interpretieren. Die Verarbeitung natürlicher Sprache wird unter anderem in Chatbots und für digitale Sprachassistenten wie Siri und Alexa genutzt." (SAP **15**)*

So stellt sich nun die Frage, ob wir einen Unterschied zwischen einer künstlich generierten Stimme und einer echten hören, und wenn nicht, ob wir zumindest unbewusst auf körperlicher und emotionaler Ebene unterschiedlich reagieren.

*„'Selbst wenn ich einer sorgfältig produzierten KI-Stimme zuhöre', sagt Christina Puciata (1. Vorsitzende des Verbandes Deutscher Sprecher:innen bis 2023), ,wird mein Zwerchfell fest, weil die Atmung nicht menschlich ist, nicht organisch. Es macht etwas mit unseren Gefühlen. Beim normalen Sprechen reagieren wir als Zuhörer in unserem ganzen Körper, im Atem-, Denk- und Fühlsystem. Ich würde behaupten, wir können uns an das Gehörte nicht halb so gut erinnern wie bei einem menschlichen Sprecher.' Forscher bestätigen diese Annahme: In einer im Sommer 2021 veröffentlichten Studie etwa haben die spanischen Wissenschaftler **Emma Rodero und Ignacio Lucas (16)** nachgewiesen, dass Menschen, wenn sie einer menschlichen Stimme zuhören, Informationen besser behalten können, stärker beteiligt und aufmerksamer sind als bei einer synthetischen Stimme. ,Natürlich sorgen sich die Sprecher darum, dass die Text-to-Speech-Technologie ihnen Arbeit wegnimmt', sagt Christina Puciata. ,Aber es macht viel mehr: Es macht etwas mit uns als Zuhörern, als Konsumenten, als Gesellschaft. Wir verarmen emotional.'"*
*(Interview DLF **17**)*

Alles, was wir hören und sehen, ist bereits seit Jahrzehnten nicht mehr wirklich echt, ist bearbeitet und aufgehübscht, und es bleibt einem ab und an sprichwörtlich die Luft weg. Werbespots ohne Atem (–> *Spiegelneuronen)*, ohne menschliche Geräusche in Hochgeschwindigkeit, retuschierte Körper, bunte Farben und glatt gebügelte Sounds haben unsere Hör- und Sehgewohnheiten schon lange verändert, und das wirklich Echte, das pure Menschliche, empfinden wir oftmals sogar als eher unangenehm und störend. Der Schritt zur Gewohnheit der kompletten Synthetik ist daher nur noch ein kleiner. Wir selbst – und damit meine ich nicht nur die sprechende Zunft – haben dazu beigetragen. Und selbst die menschlichen Unebenheiten bekommt die K.I sicher ganz leicht hin. Dennoch bleiben sie künstlich erzeugt, sind nicht genau so wirklich in diesem einen Moment unwiderruflich entstanden und von einem Menschen gefühlt. Und genau auf diesen Moment muss man manchmal warten dürfen, weil er im ganzen System Mensch entsteht und transportiert wird, von innen nach außen und umgekehrt. ;-) Deshalb ist es auch beim Konsumieren so wichtig, genau dies zu wissen. Was oder wen höre ich da? Darauf vertrauen können, was ist Mensch, was Maschine? Wir brauchen klare Hinweise, eine Art Gütesiegel, um sichergehen zu können, wem wir da gerade lauschen, was wir gerade sehen.

Ist es künstlich generiert oder live und wahrhaftig von einem Menschen gemacht? Wir brauchen das Vertrauen darauf, dass das, was wir konsumieren, auch wahr ist, kein Fake.

Ich halte es daher auch für immens wichtig und essenziell, dass wir uns im direkten Kontakt, in jeglichen zwischenmenschlichen Beziehungen umso authentischer und mit unserem inneren Kern verbunden zeigen können und dürfen. Damit wir den Unterschied kennen und genau diesen leben.

Dazu gehört auch das Warten, Pausen beim Sprechen und somit auch beim aktiven Zuhören. Dies erfordert Vertrauen und Mut und sollte doch angstfrei und selbstverständlich sein. Weil alles immer schnell gehen muss und wir uns nicht mehr darauf verlassen wollen, dass wir mit unserer Botschaft den oder die andere/n erreichen und somit auch die des/der anderen nicht empfangen können.

Der **Verband Deutscher Sprecher:innen** hat im Februar 2023 dazu ein Statement verfasst, mit klaren Vorschlägen zur Reglementierung, Transparenz und Überprüfbarkeit, um Missbrauch vorzubeugen und zu vermeiden.

(in Gänze siehe Anhang)

Das Thema KI ist zur Zeit in aller Munde. Nicht nur bei der sprechenden Zunft, die sich (zurecht) um ihre Aufträge sorgt, es betrifft auch Grafiker:innen, (Sound-)Designer:innen, Künstler:innen, eben Kreative aller Art.

Natürlich dürfen wir nicht außer Acht lassen, dass Roboter, Automatisierungen – beispielsweise in der Autoindustrie und auch in der Wissenschaft – bereits in vielen Bereichen unseres Lebens nicht mehr wegzudenken sind, wir uns daran gewöhnt haben und sie im Alltag nutzen. Siri und Co. haben ihre großen Auftritte längst hinter sich gebracht und sind schon völlig „normal", um ein prominentes, etabliertes Beispiel zu nennen.

Und doch haben Umstellungen, der Fortschritt natürlich auch immer Menschen betroffen, ihr Leben verändert, zum Guten und zum Schlechten.

Es sei hier nochmals klar vermerkt, dass ich nicht denke, man solle KI per se verteufeln. Sicher bietet sie enorme Möglichkeiten, wenn wir sie achtsam und zum Wohle dieses Planeten und all den auf ihm lebenden Wesen und darüber hinaus nutzen. Dazu braucht es klare Regeln, die neben Transparenz und Kennzeichnung auch ethische Richtlinien beinhalten.

„KI muss ständig trainiert werden, um effizienter zu werden. Eine Schattenseite der K.I., die wenig thematisiert wird, ist die für das Trainieren von K.I. nötige menschliche Arbeit. Informationen und Metadaten werden nach bestimmten Regeln gesichtet, sortiert und gekennzeichnet, damit die Maschinen sie einordnen können und die so gespeicherten Informationen zu verarbeiten. Manuelle Datenannotation heißt das. Bevor die K.I. zum Beispiel das Bild eines Hundes erkennen kann, muss sie mit den verschiedensten Bildern von Hunden gefüttert werden, worauf diese als solche etikettiert sind. Bevor eine K.I. also bspw. diskriminierende Inhalte erkennen kann, um sie auszusortieren, muss sie mit

*Bildern oder Texten genau solcher Inhalte
darauf trainiert werden. (...)
Es gibt auch automatisierte Datenannotation, aber (noch)
liefert die manuelle Annotation genauere Ergebnisse. Es
sind sogenannte Clickworker, die rund um den Globus, meist
im globalen Süden zu niedrigen Löhnen und repressiven
Bedingungen (unwürdige Bezahlung, fehlende Pausen,
kein Recht auf gewerkschaftliche Organisation etc.) solche
Tätigkeiten ausüben. (...) Heißt im Klartext, dass sich diese
Menschen dafür vorab verstörenden Beschreibungen
von Gewalt, von rassistischer und hasserfüllter Sprache
aussetzen müssen. Sie müssen sich u. a. Videos von sexueller
Gewalt an Kindern, von Folterungen und Morden ansehen,
damit wir Nutzer:innen hier vor solch erschreckenden
Bildern geschützt werden können. Menschen werden also
nicht nur durch Algorithmen ersetzt wie vielfach bei uns,
sondern wirken unter prekären Bedingungen auch an den
Voraussetzungen dafür mit.
Schritte zu einer Regulierung sind also
auch hier dringend geboten."
(Gabriele Isele 18)*

Im Mai 2023 war ich beim Peter-Gabriel-Konzert in der Wald-
bühne Berlin. Es war großartig, besonders, magisch ... Und
auch hier: AI/KI.
Der „Tagesspiegel" 19 berichtete am folgenden Tag:

„Avatare und Farbexplosionen

*Fast unbemerkt tritt Peter Gabriel auf die Bühne. Die
Bühnenarbeiter huschen in orangen Overalls, die an die
Guantánamo-Kluft erinnern, durch die Szenerie und bereiten
die Show vor. Einer von ihnen spricht ins Mikro, mit einem
weißen Blatt in der Hand. Erst da wird er an seinem runden
Glatzkopf und seinem Spitzbart erkennbar.*

Es werde immer schwieriger, das Echte vom Unechten zu
unterscheiden, witzelt er auf Deutsch, weshalb er seinen
Avatar nach Berlin geschickt habe. Dieser sei zwar etwas
älter und fülliger als die Versionen, die ABBA von sich
anfertigen ließen. Sein wahres Ich liege aber gerade an
einem Strand und sehe aus „wie ein griechischer Gott".
Sagt's, schält sich aus seinem Overall und stimmt mit dem
Bassisten Tony Levin ‚Hier kommt die Flut' an. (...)
Andere mögen die Risiken der Künstlichen Intelligenz
fürchten, sagt er zu ‚Panopticon'. Doch er sehe die Chancen
und träume von einem Globus, der die Erinnerungen der
gesamten Welt speichert."

Tatsächlich sollten wir uns kritisch eingestehen: Was ist denn
bereits überhaupt noch wirklich echt? Schauen wir uns die sozialen Medien an. Was ist dort noch *nicht künstlich* oder zumindest *nicht aufgepeppt*, also authentisch? Fassen wir uns an die
eigene Nase. Jede/r rückt sich in das jeweilige Licht oder den
Schatten, in dem er/sie gesehen werden möchte. Jede Menge Filter, GIFs und noch vieles mehr werden künstlich(!) hinzu-
gefügt, und es entsteht ein Bild, das evtl. mit der Realität der
wirklichen Person nichts, nicht mehr viel oder nur noch einen
kleinen Teil zu tun hat. Oftmals erschaffen wir ein bestimm-
tes Bild von uns selbst, das wir meinen darstellen zu müssen,
und verstecken unser wahres Ich. Irgendwann vermischt sich
das, und wir verlieren mehr und mehr den Bezug zu unserem
wahrhaftigen, puren inneren Selbst.
So haben wir alle mit dazu beigetragen, dass unser authenti-
sches Ich im Verborgenen bleibt, sich Seh- und Hörgewohn-
heiten verändert haben, hin zu glatt gebügeltem Schokoladen-
seiten-Einheitsbrei. Und das in Zeiten, in denen Diversität und
Individualität doch so groß geschrieben werden. Die Grenzen
zwischen „echt" und „künstlich" verwischen und verschwin-
den immer mehr, und die Unterscheidung wird immer schwerer, wenn überhaupt noch erkennbar.

Um im Thema zu bleiben, betrifft das natürlich auch das Sprechen und die Kommunikation.

Ein wunderbares Beispiel für Zusammenhalt, Kreativität und Solidarität – zugegebenermaßen unter dem Druck der Existenzangst – zeigt sich im Manifest der United Voice Artists, die sich in nur wenigen Wochen formiert haben. Genau nachzulesen im Anhang.

2.2 Der Stimme des Körpers folgen

Die Wichtigkeit von Authentizität und Fühlbarkeit echter, in diesem Moment erlebter Emotionen beim Sprechen wird immer wichtiger. Und da sollten wir auf all unsere gegebenen Unebenheiten und vermeintlichen „Fehlerchen" setzen, diese annehmen oder gar nutzen, weil sie es sind, die uns einzigartig machen.

Wie bereits eingangs kurz skizziert ist Focusing *(nach Eugene T. Gendlin 20)* ein sehr hilfreiches Tool, um sich einem Thema, einer Frage oder gar einem Problem auf körperlicher Seite zu nähern und gegebenenfalls Blockaden aufzuspüren. Wichtig dabei ist, dass dies sehr achtsam, wohlwollend und ohne Druck durchgeführt wird. Quasi ohne etwas wirklich zu wollen oder zu erzwingen. Der *Felt Sense* meldet sich von ganz alleine; je gelöster und interessierter Du in Dich hineinschaust, desto wahrscheinlicher wird er spürbar und resoniert. Versuche also, ihn genau zu betrachten und zu beschreiben, immer wieder prüfend, ob die Beschreibung wirklich passt. Der *Felt Sense* antwortet unmittelbar spürbar. Geht der Felt Sense zwischendurch „verloren", sage Dir die Worte immer wieder freundlich und behutsam vor, und versuche zu erspüren, was mit ihnen einhergeht. Meistens kehrt das Gefühl dann nach ca. 20 Sekunden zurück. Versuche dabei möglichst nichts zu tun, außer die Beschreibung und das dazugehörige Gefühl zu wiederholen und ggf. anzupassen. Dann lass es einfach eine

Weile da sein. Solange sich im Körper noch etwas bewegt, entspannt, verändert, lass es zu.

Der „Trick" ist tatsächlich, nichts aktiv zu machen, sondern vielmehr, der Stimme des Körpers zu vertrauen. Beobachten, begrüßen, spüren, gewähren.

So kann man dies vor der intensiveren Beschäftigung mit der Stimme regelmäßig durchführen, das Thema oder die Frage, die zuerst und anhaltend aufploppt, ist dabei immer zielführend, egal ob sie gerade zum Vorhaben Stimmerforschung passt oder (vermeintlich) nicht. Geht es doch beim Sprechen immer auch um die Gesamtsituation, in der ich mich gerade befinde. Jede Spannung, jede Blockade – körperlich wie auch emotional – wirkt sich auch immer auf die Stimme aus, ist sie nun mal auf jeder Ebene mit uns verbunden. Das heißt nicht, dass man nur fokussiert und völlig spannungsfrei sprechen kann, wenn man mit sich restlos im Reinen ist, denn wer ist das schon?

Umso wichtiger ist es, sich mit sich, mit allem, was da ist, zu verbinden.

(Begrüßen, beobachten, beschreiben, fühlen/spüren)

Lass uns doch direkt mal dieses „Focusing" ausprobieren, ich denke, so erklärt und erfühlt es sich am Besten.

Passwort: Audio
Focucing frei nach Ann Weiser Cornell und Eugene T. Gendlin
Musik und Sounddesign: Stefan Hahn

Ich hoffe, es geht Dir gut und Du konntest das Focusing auf Deine Art für Dich nutzen.

Gönne Dir noch ein paar Momente oder auch gerne ein paar mehr und lasse alles, was da war und ist noch ein wenig nachklingen.
Spüre die Stimme Deines Körpers, fühle Dich.
Nimm Dir Deinen Raum.

Mond-Momente

(Musik-Tipp: Die Full-Moon-Songs von *Peter Gabriel I/O*
oder was immer Euch gefällt)

Ja, ja … jetzt kommt der komplette Eso-Kram.
Nein, kommt er nicht!
Oder wenn, warum eigentlich nicht?
Der Mond lässt das Meer tanzen, beeinflusst
den weiblichen Zyklus
(frag mal 'ne Hebamme), er erhellt die Nacht.
Da soll mit uns nix passieren? Okay …
Dann tanze einfach mal in einer Vollmondnacht
irgendwo draußen,
lass die Musik fließen und folge der Stimme
Deines Körpers.
Im „schlimmsten" Fall hast Du Dich einfach
„nur" frei getanzt.
Tanzen aktiviert beide Gehirnhälften und hat schon allein
dadurch einen positiven Effekt. Und das quasi gratis
einmal im Monat.
Was für eine wunderbare Vorstellung, zumindest einmal im
Mondzyklus tanzt die ganze Welt, zeigt sich einen Moment
nackt und bloß, verletzlich,
genau wie die Welle des Meeres, die sich zurückzieht,
aufbaut, um dann mit neuer Kraft den Strand zu spülen.

Noch ein Musik-Tipp: auch *Peter Gabriel* – welch Zufall. ;-)
Here Comes the Flood

2.3 Die Stimme erheben

Du kennst nun schon ziemlich gut den Zusammenhang zwischen Deiner inneren Stimme, Deiner inneren Haltung und dem Klang Deiner Stimme nach außen und weißt auch schon ein bisschen genauer, diese zu bespielen.

Ich kann aus meiner ganz persönlichen Erfahrung sagen, dass die innere Haltung, das Wissen um innere Blockaden, „Verrücktheiten", Spannungen, Ängste etc. der für mich noch größere Anteil beim Sprechen ist. Ich kann mir aber vorstellen, dass je nach Persönlichkeit und Struktur für die eine eher die exakte Technik und für den anderen eher der psychologisch-emotionale Ansatz zunächst zielführender ist.

Das eine funktioniert nie komplett ohne das andere.

Wie Du ja nun bereits vielfach gelesen oder gehört hast, bedingt sich das gegenseitig, und das ist toll, denn mit dem Wissen, das Du inzwischen davon hast, kannst Du, je nachdem wo es heute eher hakt, von außen oder von innen (gegen)steuern.

Erheben wir unsere Stimmen, kommen wir in unsere Kraft, und treten wir für uns, unsere Ziele, unsere Produkte und vor allem auch für andere ein!

Nun fallen mir immer wieder vor allem zwei Sachen auf: Nämlich, dass viele ihre Standpunkte im wahrsten Sinne des Wortes nicht auf den Punkt bringen und dass die Macht der Pause beim Sprechen unterschätzt wird.

Achte mal darauf, ob Du wichtige Aussagen, die Du ohne Wenn und Aber aufstellen willst, wirklich auf Punkt sprichst, also am Satzende mit der Stimme nach unten gehst, ohne dabei leiser zu werden.

Du bestimmst, wie Dein Statement endet; Du führst den Satz und lässt ihn nicht einfach verklingen. Du bist die/der Kapitän:in.

Eine junge Frau kam vor einigen Jahren zu mir ins Stimmtraining, weil sie sich besser in ihrem Team durchsetzen wollte und mit ihren Ideen und ihrer Kompetenz gehört werden wollte. Sicherlich nicht unerheblich, dass sie die einzige Frau im Team war, dazu später mehr.

Sie litt darunter, fast nie ausreden zu können und ständig unterbrochen zu werden. Schnell stellten wir fest, dass sie ihre Sätze fast immer ausfadete, also im Verlauf des Satzes immer leiser wurde und so eine Plattform zum Unterbrechen auf dem Silbertablett lieferte. Wir übten dann zunächst das Gegenteil. Eben leise zu beginnen und im Verlauf des Satzes etwas kräftiger und präsenter zu werden und auch auf Punkt zu sprechen. Das erfordert natürlich eine entsprechende Atemtechnik, eine stabile Haltung und den Einsatz des heiligen Grals, zu dem ich im nächsten Kapitel komme.

An dieser Stelle möchte ich nicht versäumen, die *Heldenhaltung* zu empfehlen.

Die Held:innenhaltung

Stelle Dich – gerne etwas mehr als hüftbreit – aufrecht mit entschlossenem Blick in die Weite auf eine angenehme Unterlage.

Die Knie sind weich, nicht durchgedrückt, die Hände sind in die Hüfte gestemmt, die Arme kraftvoll angewinkelt. Manchmal machen wir das unbewusst, wenn wir eine gewisse Autorität verkörpern wollen.

Stelle Dir eine erhabene Situation vor. Am besten fokussierst Du Dich auf das Ziel, das Du erreichen möchtest, und stellst es Dir mit allen Farben und positiven Empfindungen ganz großartig vor.

Möglicherweise unterstützt Dich auch hier die entsprechende Musik.

Bleibe so einige Minuten stehen, Dein Ziel vorm inneren Auge. Atme.

Lass bei der Einatmung den unteren Bauch los, öffne den Mund, und lasse den Atem einfließen, atme (gerne geräuschvoll) aus, ziehe dabei ein wenig den Bauch ein.

Es soll sich gut und groß anfühlen, Dich aufrichten.

Ich habe damit sehr erhebende Erfahrungen gemacht und mich auch an trüben Tagen wieder in eine gute Haltung gebracht. Innen und außen.

Auch die Macht der Pause wird gerne unterschätzt. Eine gefühlte, wirklich gelebte Sprech-Pause lässt die Zuhörer:innen zum einen selbst zur Ruhe und zum Eigene-Gedanken-Machen kommen, und zum anderen kann das Gesagte mehr Gewicht bekommen.
Und – wie bereits angekündigt – das A und O ist der heilige Gral, der Beckenboden!

2.4 Der heilige Gral

Der Beckenboden, lange unbeachtet und unterschätzt, erlangt bereits seit geraumer Zeit immer mehr die Bedeutung und Wichtigkeit, die ihm zusteht.
Unter anderem beim Yoga und Bodyshaping, beim Achtsamkeitstraining, beim Sex und in der Sexualpsychologie und vor allem natürlich auch in der Arbeit mit Stimmen.
Der Beckenboden ist das Fundament der Stimme, trägt und stützt diese.
Dabei geht es vielmehr um die Fähigkeit, diese wichtige Basis zu entspannen und loszulassen, als um die Anspannung und das Halten.
Im Alltag, gerade in Stresssituationen, neigen wir dazu, den Bauch einzuziehen (auch aus vermeintlichen Schönheitsvorstellungen), somit auch den Beckenboden anzuspannen und in die (innere) Haltung der Distanz, Kontrolle, Anspannung und Unruhe zu kommen. Meist gehen die Schultern dabei mit nach oben, der Brustkorb hebt, die Stirn verspannt sich. Insgesamt keine gute (körperliche) Voraussetzung, um sich bewusst, in Ruhe, Gelassenheit und Klarheit auszudrücken. Vielmehr be-

finden wir uns in einer Art „Alarmzustand", der es uns auch erschwert oder gar unmöglich macht, aktiv zuzuhören.

Über die Anatomie des Beckenbodens, des Zwerchfells und deren Funktionsweisen verweise ich gerne auf entsprechende Fachbücher, u. a. von der wunderbaren Eva Loschky, ohne die mir die Bedeutung dieses heiligen Grals für die Stimme vielleicht bis heute nicht ganz so klar wäre.

Mir geht es hier vielmehr um die Wirkung und den Effekt beim „richtigen" Einsatz – vor allem des Beckenbodens – als um die detaillierte Darstellung von praktischen Übungen dazu. Ein kurzer Abriss sei hier gegönnt, den ich der Fachfrau überlasse, um das daraus Folgende etwas griffiger zu machen:

„Den Boden unserer körperlichen Empfangshalle, die Basis des inneren
Körperraumes, bildet die Beckenbodenmuskulatur. Vielleicht gehören Sie zu den Menschen, die ihren Beckenboden bewusst trainieren, um ihn zu stärken. Dann sind Sie die Ausnahme!
Die meisten kennen dieses Netzwerk von Muskeln wenig. Noch weniger Menschen wissen, dass der Beckenboden das Fundament
für eine klangvolle und belastungsfähige Stimme ist: Er muss sich dehnen
und öffnen für den Einatem beim Sprechen. Beim Sprechen oder Singen -
also für die Produktion von Stimme – muss er Spannkraft aufbauen,
kontrahieren. Im Idealfall ist er ständig in Bewegung, wenn wir Stimme
gebrauchen, und schenkt uns durch sein Wechselspiel von Anspannung
und Loslassen zusätzlich die Produktion wichtiger Hormone, die für gute Stimmung und Energie sorgen."
*(Eva Loschky **21**)*

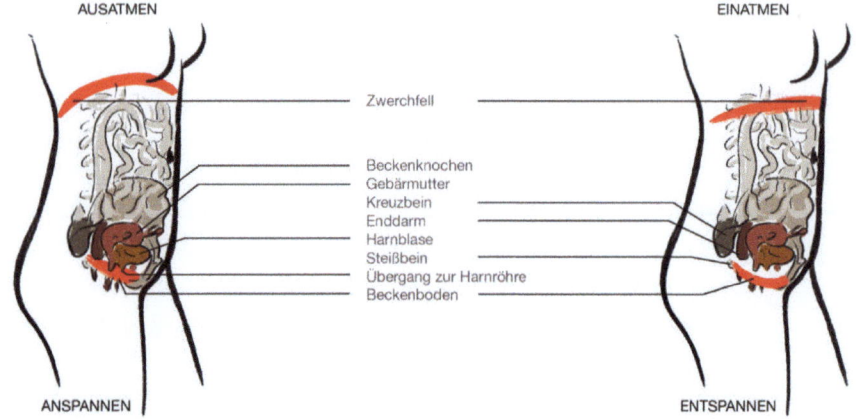

AUSATMEN

EINATMEN

Zwerchfell

Beckenknochen
Gebärmutter
Kreuzbein
Enddarm
Harnblase
Steißbein
Übergang zur Harnröhre
Beckenboden

ANSPANNEN

ENTSPANNEN

Wie bereits eingangs erwähnt, entscheidet der Zustand des Beckenbodens über einen spannungsfreien oder eben angespannten Einsatz der Stimme. Je besser wir in der Einatemphase loslassen, diese als Pause nutzen, mit umso mehr Leichtigkeit können wir die Spannung in der Ausatmung – Sprechen und Singen sind ja nun mal Ausatmung – genießen und ausdrucksvoll und emotional authentisch dosieren und gestalten. Der Beckenboden ist die Schlüsselmuskulatur für die gesamte körperliche Bewegung (vgl. Irene Lang, Beckenboden: Wie Sie den Alltag zum Training nutzen, GU, 2007).

Dabei geht es zum einen um Aufrichtung und zum anderen um Führung, vor allem der Atmung. Der Beckenboden ist nicht isoliert zu betrachten; auch wenn man sich ihm zunächst an dieser Stelle auf jeden Fall explizit zuwenden sollte, so wirkt sich dessen An- oder Entspannung immer auf den ganzen Körper und auch auf Geist und Seele aus. (Oh ja ... das kennen wir ja schon. ;-))

Stellen wir uns also auf einen Balancetrainer, ein Wackelbrett, eine zusammengerollte Yogamatte oder auf irgendetwas, was uns zwingt, Balance zu finden. Versuchen wir nun, steif und angespannt nur mit Kraft aufrecht zu stehen, so werden wir schnell an Grenzen stoßen, ermüden und die Balance verlieren. Bleiben wir sanft in Bewegung, schwingen uns ein, finden unsere innere Mitte, lassen den Unterbauch und den Beckenboden los, so erfahren wir Leichtigkeit, eine gute Schwingung und Ein-Klang für die Anspannung. Verlassen wir dann mit einem beherzten Schritt nach vorn unsere wackelige Situation und bleiben in eben dieser inneren und äußeren Haltung des Aufgerichtet-Seins, des Losgelöst- und Bewegt-Seins, finden wir uns in einem verwurzelten und sicheren Stand in Entspannung ohne jegliche Anstrengung und sind vollkommen in unserer Fülle und Kraft. Ein wahres Glücksgefühl, das es festzuhalten gilt. (--> Meine wohlende Phiole → 2.6. Anchoring/Der innere Hafen)

Eva Loschky präzisiert:

„Die Beckenbodenmuskulatur – ein elastisches Netzwerk
Sie haben bereits entdeckt, wie wichtig Ihre
Beckenbodenmuskulatur für
Ihre Stimme ist. Deshalb möchte ich Sie jetzt
mit der komplexen Welt dieses Muskelnetzes vertraut machen.
Der Beckenboden hat in unserem Körper eine hohe
Bedeutung,
die lange Jahre zu wenig beachtet wurde:
• Er ist das Tor zum Leben bei der Geburt.
• Er muss stark sein, um unsere inneren Organe zu tragen.
• Er ist elastisch und kräftig zugleich.
• Er fängt bei der Einatmung
die Druckwelle des Zwerchfells auf.
• Er unterstützt die Zwerchfellbewegungen beim Ausatmen,
beim Sprechen und Singen durch Aktivität.
• Er spielt eine entscheidende Rolle für Aufrichtung,
Bewegung und Gleichgewicht.
• Er sorgt durch seine Aktivität für eine gute Körperhaltung.
• Er erhöht durch seine elastische Kraft unsere sexuelle Lust
und Vitalität.
• Er spiegelt durch seine Anspannung oder Ausdehnung
unser Befinden wider.

Der Hauptunterschied zwischen dem männlichen und weiblichen Becken
liegt zum einen an der Zahl der Öffnungen:
Der Mann hat zwei, Harnröhre und After,
bei der Frau kommt noch eine dritte Öffnung, die Vagina, hinzu.
Der männliche Beckenboden hat in der Regel mehr Kraft:
Das Becken ist schmaler, die Muskeln sind kürzer und kräftiger,
da sie nicht die Elastizität für eine Geburt brauchen.
Deshalb kann der Mann mehr Kraft der Beckenbodenmuskulatur aufbauen und
damit besser heben und tragen als die Frau.
Gleichzeitig fällt es ihm schwerer, zu entspannen und sich zu öffnen –
die Beckenbodenmuskulatur ist häufig zu angespannt.
Die weibliche Beckenbodenmuskulatur ist im Gegensatz dazu oft sehr kraftlos
und vor allem nach Geburten gedehnt und schlaff.
Mädchen haben mehr Mühe, eine Stange oder ein Tau hinaufzuklettern:
Für den nächsten Zug nach oben braucht man die Aktivität der Beckenbodenmuskeln.
Deshalb plädierte die dänische Gymnastik-Pädagogin Helle Gotved
schon in den siebziger Jahren dafür, im Turnunterricht in der Schule
die Beckenbodenmuskulatur vor allem bei Mädchen in Bezug auf Kraftaufbau zu trainieren.
Ihrer Meinung nach könnte damit verhindert werden, dass jede zehnte Frau
unter Blasenschwäche und Harninkontinenz leidet – unter den 40- bis 50-Jährigen ist sogar jede dritte Frau betroffen.
Für eine gesunde Stimme und für eine gute Stimmung brauchen wir –
Mann wie Frau – den lebendigen Wechsel zwischen Anspannen und Loslassen.

*Das genau können wir beim Sprechen tagtäglich, unendlich
oft trainieren:
mehr Beweglichkeit für den Mann, Kraftaufbau für die Frau,
mehr Lustgewinn für beide. Ist das nicht verlockend?
Sie erhöhen den Trainingseffekt, wenn Sie sich trauen,
bei den Übungen und im Alltag zu tönen und zu singen.
Wer gehen kann, kann tanzen!
Wer sprechen kann, kann singen!
ALTES AFRIKANISCHES SPRICHWORT"
(Eva Loschky 22)*

In meinen Stimmtrainings und auch in jeglichen (alltäglichen) Kommunikationen beobachte ich vielfach, dass der untere Bauch und somit auch der Beckenboden beim Sprechen und Präsentieren sowohl bei Männern als auch bei Frauen meist zu stark und vor allem durchgängig gehalten wird. Die Stimme hört sich dann oft gepresst, *„schaumgebremst"* und nicht authentisch an. Wir meinen, durch (vermeintliche) Körperspannung „Haltung" zu zeigen, Kontrolle und Kraft zu haben. Dem ist nicht so. Im Gegenteil. Eine entspannte und gelassene Körperhaltung, eine ruhende innere Mitte und ein klarer, fokussierter Geist bringen uns erst in die Form der Größe und Stärke, die wir uns wünschen (siehe die Übung mit dem Balancetrainer). Das heißt nicht, dass wir uns nicht um einen sehr guten Shape für die Anspannung, gerade auch unseres heiligen Grals, kümmern müssen. Der Effekt kann sich ja erst dann voll und ganz zeigen und entfalten, wenn wir gezielt und bewusst an- und entspannen können und die Führung übernehmen, Kapitän:in auf unserem eigenen Schiff sind.
So kommen wir zwangsläufig und unumgänglich zur *Macht der Pause.*
Denn die Einatmung ist ja die Pause, die Entspannung, das Loslassen des Beckenbodens. Öffnen wir in dieser Pause leicht den Mund, so wie eine Muschel kurz ihre wunderschöne Perle zeigt, fließt der Atem reflektorisch ein, und unsere Stimme

kann sich wieder frei entfalten, der Geist beruhigt sich und wir können auch wieder gut aktiv zuhören.

„Die Musik steckt nicht in den Noten,
sondern in der Stille dazwischen."
Wolfgang Amadeus Mozart

„Die Stille offenbart uns mehr,
als der Verstand uns sagen kann."
Otto Pötter (*1948)

Die Pause zwischen den Sätzen, zwischen den Liedzeilen, vor bedeutsamen Worten ist genauso wichtig wie die Phrase oder das Wort selbst. Das Gefühl nach einer noch so kurzen Pause, die Stimme könne sich wie von selbst ohne gewolltes Zutun entfalten, weiten, erheben und fliegen, trägt dann den nächsten Satz, das nächste Wort, den kommenden Ton. In Leichtigkeit und Freude.

Beflügelnde Atem-Momente

Ich habe am Strand von Bansin auf Usedom einen kleinen Selbstversuch gemacht, um das gerade Beschriebene hier wirklich erlebt und gefühlt wiedergeben zu können, der mich sehr bewegt und beeindruckt hat.

Songvorschläge, Playlist Echt!Hauf – Titel
22 *Love of My Life* – *Queen*
23 *True Colors* – *Fearless Soul feat. Rachael Schroeder*
24 *Take a Moment to Breathe* – *Normal the Kid*

Ich stand alleine nachts am Strand, „Love of My Life" im Ohr und sang bei Wind und Wellengang übers Meer, in die Ferne, in die Weite.
Mit allen Unsicherheiten und verborgenen Ängsten, auch der nächtlichen Situation geschuldet,
aber genau eben drum …
Sehr bewusst in den (Einatem-)Pausen den Beckenboden lösend, den Text und die Musik fühlend (nicht schwer bei diesem Song, Du findest was Passendes für Dich), ließ ich die Worte wie von selbst übers Meer gleiten, viele möglicherweise mehr gehaucht als tatsächlich verlautbar gemacht, der Effekt war gewaltig. Es fühlte sich so leicht und selbstverständlich an, als könnte ich fliegen.
Meine Worte konnten es.
Und waren so groß und präsent, ohne laut zu sein.

Aus vielen Aufnahmen bei meiner Tätigkeit als Sprecherin am Mikrofon und auch bei meinen Stimmtrainings, bei denen meine Stimme oft lange gefordert ist, weiß ich, wie gut das funktioniert, vor allem, wenn man die Worte wirklich fühlt. Dies war noch einmal so ein wunderbares Aha-Erlebnis, so was wie eine Art weiterer „Beweis", wenn man denn immer noch einen braucht. ;-)

Nun hat man ja nicht immer gleich das Meer parat. Finde für Dich Orte, Situationen, Rituale, um die Kraft und Fülle dieser wundervollen Maschinerie in Dir zu spüren.

Ich stelle mir immer eine goldene, leuchtende Kugel vor, die in mir aufsteigt und die ich mithilfe meines heiligen Grals nach oben und unten bewegen kann, „einfach nur" durch Anspannen und Loslassen des unteren Bauches und Beckenbodens. Meine innere Sonne, meine Sonnenkraft.

Suche Dir die passenden Worte, die passenden Bilder oder was immer Du brauchst für Deinen inneren Hafen. (--> 2.6.)

2.5 True Colors

Du bist Dir inzwischen schon recht nah gekommen und hast Dich sicher an der ein oder anderen Stelle berührt oder gar aufgewühlt. Ein guter Zeitpunkt, die verschiedenen Farben und Facetten Deines Selbst und Deiner Stimme zu erforschen. Wenn wir so nah wie möglich bei unserem inneren Kern bleiben, kann es uns gelingen, weit mehr Nuancen zu entdecken, als wir es

je für möglich gehalten hätten. Hilfreich auch hier ist, Bilder, Töne, Erlebnisse, durchlebte Gefühle usw. heranzuziehen.
Sei die/der Erforschende Deiner Stimme. Immer wieder aufs Neue.
Höre Dir im Alltag gut zu. Wie klingst Du in den unterschiedlichen Stimmungen, Gefühlslagen, Situationen?
So lese zum Beispiel mal ein und denselben Text in den unterschiedlichsten Tonalitäten vor, mal lustig, mal traurig, mal sachlich, mal entspannt …
Am besten mit einer genauen Vorstellung in welcher Situation, vor welchem Publikum, wie fühlt sich der Anlass an, was löst er aus, wie ist die innere Haltung?
Spüre nach, wie sich die unterschiedlichen stimmlichen Emotionen körperlich angefühlt haben, wo genau sie herkamen, was Du dabei gefühlt hast, welche Bilder im Kopf entstanden, vielleicht erklang im Inneren eine Musik oder ein Duft wehte Dir in die Nase. So können wir uns diese Tonalitäten gut merken, am besten über die Wiederholung, denn so verankert sich die jeweilige Emotion, und ihr Klang, über die Amygdala (Corpus amygdaloideum oder Mandelkern), zusammen mit dem Hippocampus im limbischen System und wird schlussendlich abrufbar (mehr dazu unter 2.6. Der innere Hafen).

Spielerische, musikalische Momente

Verbinde Dich mit Deinem körpereigenen Instrument,
erspüre, **welches** Instrument Du bespielen, Du sein willst.
Ist es vielleicht ein Cello, dem, egal was es tut,
immer etwas Sinnliches,
etwas Tiefes anhaftet, oder eine lustige kleine Flöte,
die durch die Zeilen tanzt und hüpft.
Egal wofür Du Dich entscheidest – es dürfen
natürlich auch mehrere sein,
je nach Bedarf und Tagesform –
bleibe in Bewegung, tanze,
komme in den Flow, bei jedem Ton, in jeder Gefühlslage.

Das ist das, was unserer Stimme, unserem Sprechen und Singen die Seele gibt. Und das sind auch die Unebenheiten bzw. gerade diese,
die am Ende die Einzigartigkeit schaffen.
Meine Favoriten sind Piano und Cello,
deshalb meine Titel hierfür:

Songvorschläge, Playlist Echt!Hauf, Titel:
25 *The Cello Song – The Piano Guys*
26 *Embrace – Saah*

Suche die für Dich passende Musik aus
und lass Dich davon tragen.

Ich habe mich von dem wunderschönen Stück von Aija Alsina „To the Moon and Back" beflügelt gefühlt und dabei ist eines Abends spontan dies entstanden:

Passwort: Audio
Die Lesende
Gedicht: „Der Lesende"
frei nach Rainer Maria Rilke (1906)
Musik: „To the Moon and Back" von Aija Alsina

Ich las schon lang.
Seit dieser Nachmittag mit Regen rauschend,
an den Fenstern lag.
Vom Winde draußen hörte ich nichts mehr,
mein Buch war schwer.
Ich sah ihm in die Blätter wie in Mienen,
die dunkel werden von Nachdenklichkeit,
und um mein Lesen staute sich die Zeit.

Auf einmal sind die Seiten überschienen
und statt der bangen Wortverworrenheit steht:
Abend, Abend ... überall auf ihnen;
Ich schau noch nicht hinaus, und doch zerreißen
die langen Zeilen, und die Worte rollen
von ihren Fäden fort, wohin sie wollen...
Da weiß ich es:
Über den übervollen glänzenden Gärten
sind die Himmel weit;
die Sonne hat noch einmal kommen sollen.

Und jetzt wird Sommernacht, so weit man sieht,
zu wenig Gruppen stellt sich das Verstreute,
dunkel auf langen Wegen geh'n die Leute,
und seltsam weit, als ob es mehr bedeute,
hört man das Wenige, das noch geschieht.

Und wenn ich jetzt vom Buch die Augen hebe,
wird nichts befremdlich sein und alles groß.
Dort draußen ist, was ich hier drinnen lebe,
und hier und dort ist alles grenzenlos;
nur dass ich mich noch mehr damit verwebe,
wenn meine Blicke an die Dinge passen
und an die ernste Einfachheit der Massen.
Da wächst die Erde über sich hinaus.
Den ganzen Himmel scheint sie zu umfassen:
Der erste Stern ist wie das letzte Haus.

Dort draußen ist, was ich hier drinnen lebe,
und hier und dort ist alles grenzenlos;
nur dass ich mich noch mehr damit verwebe,
wenn meine Blicke an die Dinge passen,
da wächst die Erde über sich hinaus.
Den ganzen Himmel scheint sie zu umfassen:
Der erste Stern ist wie das letzte Haus.

Wenn meine Blicke an die Dinge passen,
da wächst die Erde über sich hinaus.

Und hier und dort ist alles grenzenlos.

Starrheit ist die Feindin von Körper, Geist und Seele und verhindert Wachstum. So lohnt es sich auch mal in die Tiefen der eigenen Seele hinabzusteigen, auch wenn es wehtut, sich die – möglicherweise bestehende – eigene Dunkelheit anzuschauen. Hole Dir ggf. (psychologische) Unterstützung dabei, und sei acht- und wachsam. Am Ende bringt es eben diese starken, einzigartigen Gefühle an die Oberfläche und macht sie erlebbar. Und das genau ist es, was wir brauchen, was uns individuell und einzigartig macht, um uns von anderen und auch von KI zu unterscheiden.

Gehen wir nun in die Technik des Spielens. Diese ist sehr wichtig, vor allem der Körpereinsatz, ein guter Stand, die Körperhaltung und die richtige Atemtechnik.

Bei allem, was wir mit unserem wundervollen Instrument vorhaben, ist es das Spielerische, das Ausprobieren, die Leichtigkeit, die uns weiterbringt. Spiele mit den verschiedenen Klangvariationen Deiner Stimme, die allein schon in einem einzigen Raum möglich sind. Gehe beim Sprechen oder Singen mal durch den Raum, schicke Deine Stimme in die verschiedenen Ecken, nutze Möbel wie Resonanzräume, offene Treppenhäuser als Klangverstärkung und lausche. Wie klinge ich an welcher Stelle, wo gibt es mehr Höhen, mehr Tiefen?

Spüre in Dich hinein, wo der jeweilige Klang resoniert, welche Bilder sich im Kopf zeigen, welche Gefühle aufkommen. Wiederhole das, und vor allem genieße Dich dabei. Die Arbeit mit Stimme lebt von Wiederholungen. Mache Dir ein komplexes Bild von diesem, Deinem ureigenen Apparat.

Höre genau hin, wie sich vielleicht auch kleinste Nuancen zeigen, sei es bei einzelnen Worten oder ganzen Sätzen, spiele mit Deinen Klangfarben, nimm es ganz leicht und habe Spaß dabei. Wichtig auch hier wieder ist, nicht zu viel zu wollen, sondern den Fokus wirklich auf die Emotionen zu richten, die Bilder, die Töne, eben alles, was hilfreich ist, sich an genau diesen Moment zu erinnern, um an anderer Stelle möglichst echt und authentisch zu klingen.

Manchmal hilft es auch, ein paar Mal ganz besonders schnell oder extrem langsam, Buchstabe für Buchstabe wie ein/e Leseanfänger:in einen Text vorzulesen, um in die Gelassenheit, die passende Geschwindigkeit und vor allem in die Selbstverständlichkeit zu kommen.

Loslassen, nicht zu viel denken, sich spielerisch herantasten ist hier wesentlich zielführender als das verkopfte Bemühen um die jeweilige Tonalität und Emotion.

Nun ist es ja so, dass beim Sport, beim Yoga oder jeglicher körperlicher Anstrengung durchaus die An- oder Entspannung bei der Atmung umgekehrt praktiziert wird. Also ausatmend zu entspannen und einatmend anzuspannen. Das kann punktuell auch durchaus zielführend sein. Ich persönlich versuche, die Ein- und Ausatmung in allen Lebensbereichen, auch beim Treppensteigen oder dem Tragen schwerer Lasten, so beizubehalten wie beim Sprechen. Zumindest wenn ich bewusst darauf achte. So kann es bei einem Automatismus bleiben. Ich denke aber und traue dies auch unserem Körper zu, dass er weiß, was wann gebraucht wird, wenn einmal das Grundprinzip verstanden, im System angekommen und verankert worden ist.

2.6 Der innere Hafen

Viel wurde bereits der innere Hafen erwähnt. Nun wollen wir es genauer wissen.

Nimmt man all das, was wir bereits über unsere (innere) Stimme wissen zusammen – auf allen Ebenen –, so bietet es sich an, all dies zu nutzen, um uns einen inneren Hafen zu schaffen, einen Anker, der uns in angespannten Situationen hilft, wieder in die Ruhe, Leichtigkeit und Gelassenheit zu kommen. Schlagen wir einen kleinen Bogen zur Neurowissenschaft und Hirnforschung, um genau zu verstehen, was der *innere Hafen* bewirken soll und wie genau das vonstattengeht.

*„**Servan-Schreiber** sieht das bewusste und unbewusste Dasein durch die Funktion eines emotionalen und eines kognitiven Gehirns bestimmt, die beide auf unterschiedliche Weise unsere Lebenserfahrungen und unser Verhalten beeinflussen. Unser **emotionales Gehirn** (limbisches System) steht für unser unbewusstes Handeln, für das Überleben und hat einen ausgesprochen engen Kontakt zu unserem Körper, während unser **kognitives Gehirn** (Neokortex) bewusst reagiert und rational der Außenwelt zugewandt ist."*
(M. Uebele 23)

Das limbische System ist also ein komplexes Netzwerk von Strukturen im Gehirn, das eine Schlüsselrolle bei der Regulation von Emotionen, Verhalten, Gedächtnis und Motivation spielt. Es besteht aus verschiedenen Bereichen, darunter der Hippocampus, die Amygdala, der Hypothalamus und der Gyrus cinguli.

- Der Hippocampus ist hauptsächlich für die Bildung neuer Erinnerungen und das räumliche Gedächtnis verantwortlich.
- Die Amygdala spielt eine wesentliche Rolle bei der Verarbeitung von Emotionen, insbesondere bei der Angst und der Furcht.

- Der Hypothalamus reguliert lebenswichtige Funktionen wie den Schlaf-Wach-Zyklus, den Hunger und den Durst sowie die Freisetzung von Hormonen durch die Hypophyse.
- Der Gyrus cinguli ist an der Regulation von Emotionen und der Verarbeitung von Belohnungen beteiligt.

Das limbische System arbeitet eng mit anderen Hirnregionen zusammen, um komplexe Verhaltensweisen und Emotionen zu steuern. Es wird oft als das *emotionale Gehirn* bezeichnet und spielt eine entscheidende Rolle in der menschlichen Erfahrung und im Verhalten.

*(Vgl. hierzu: Schwartz, James, and Jessell, Thomas. Hier gibt es die detaillierte Erklärung des limbischen Systems und seiner Funktionen im Kontext der Neurowissenschaften. **24**)*

Kurz zusammengefasst ist das **limbische System** u. a.:

die Grundlage für das räumliche Orientierungsvermögen,
die Basis für das Gedächtnis,
das Speichermedium von Eindrücken,
die Verarbeitungszentrale für das Langzeitgedächtnis,
die Verarbeitungsstelle für Sprache und
das Fundament für das Lernen und Erinnern.
(vgl. https://krank.de/25)

Machen wir uns die wundervollen Erinnerungsmechanismen unserer Schaltzentrale zunutze.
Bei unserem inneren Hafen soll es um Leichtigkeit, um Weite, um Gelassenheit, um Wohlfühlen, um Freiheit gehen.

Passwort: Audio
Meine wohlende Phiole
Musik und Sounddesign: Stefan Hahn

Ich hoffe, Du hast Dir Deinen Wohlfühlort gut vorstellen können und Dir Dein Schatzkästchen kreieren können, Deine wohlende Phiole.
Jetzt möchte ich Dich gerne noch ein wenig mehr damit verbinden.

Kreiere Dir einen Satz (maximal 5 Worte, weniger ist mehr), der Dir etwas bedeutet, der Dich zu Dir selbst, in Deinen inneren Wohlfühlraum, zu Deiner wohlenden Phiole, Deinem Schatzkästchen führen kann.

Das kann z. B. einfach „Heute ist ein schöner Tag" sein. Versuche eine Art Mantra/Affirmation wie „Ich bin genug". Probiere es mit Deinem ureigenen wohligen Ort „Ich habe eine Farm in Afrika". Auch eine schöne Situation ist möglich. Was immer Dich mit Deinem positiven Selbst, Deiner (inneren) Wohlfühl-Stimme verbindet, ist die richtige Wahl. Nicht zu viel darüber nachdenken, lieber erspüren und erfühlen, was passt.

Wiederhole die Übung mit dem Balancetrainer, dem Wackelbrett oder was Du dazu für Dich gefunden hast.

Begebe Dich an Deinen inneren Wohlfühlraum, an Deinen besonderen Ort.

Der ganze Körper ist entspannt, die Knie weich, das Gewicht eher auf den Zehenballen als hinten auf den Fersen, die Schultern, der Kiefer, die Stirn sind locker, der Brustkorb weich und gedacht eher nach vorne gerichtet, auf keinen Fall gehoben und im Hohlkreuz.

Schließe die Augen, forme im Kopf Deinen Satz.

Erinnere Dich an Deine wohlige Phiole (siehe Entspannungsübung), Deine Wohlfühl-/Indifferenzstimme.

Öffne die Augen, und lasse Deinen Satz herausfließen …

Nimm genau wahr, wie sich der Satz anfühlt, ob er wirklich vollkommen entspannt und leicht ist.

Es ist natürlich auch hier immer gut, wenn zumindest bei den ersten Malen jemand mithört und vor allem mitspürt, was ankommt.

Wir erinnern uns, dass über die Spiegelneuronen ja viel ans Gegenüber übertragen wird.

Du solltest aber inzwischen auch selbst spüren, wenn der Satz so ist, dass er als innerer Hafen verankert werden kann.

Es ist dann ein bisschen wie ein kleiner stimmlicher Orgasmus. Ein sanfter. Der einen dahinschweben lässt. Mit allen Sinnen. Du selbst und auch Dein mögliches Gegenüber sollten auf körperlicher, seelischer und geistiger Ebene berührt sein.

Wenn Du noch Druck, Anspannung oder gar Unwohlsein spürst, schüttele Dich ein wenig, tanze ein bisschen und wiederhole die Übung, bis Du in dieses kleine, feine, erhebende Gefühl kommst.

Vorsicht! Bitte nicht „überüben"!

Vielleicht ist es heute noch nicht so weit.

Gib Dir die Zeit, die es braucht. Möglicherweise ist morgen oder nächste Woche ein besserer Moment dafür.

Übe weiter mit Deiner Atmung, dem Beckenboden, Deinen Gefühlen mit und zu Deiner (inneren) Stimme.

WENN denn dieses erhebende Gefühl mit und zu Deinem Satz beim Herausfließen-Lassen eingetreten ist, schließe wieder die Augen, und spüre nach.

Was hast Du gespürt, wo genau in Deinem Körper, welches Gefühl – möglichst genau – kam auf?

Gab es Bilder? Töne? Düfte?

Merke Dir all dies, gehe damit nach innen und packe alles, was Deinen inneren Wohlfühlraum ausmacht, wohlwollend und beseelt in Dein inneres Schatzkästchen.

Es geht hierbei um die Wiederholung, ums Sich-Festlegen, Verwurzeln, Erden, sich entspannt Starkmachen. Komme immer wieder darauf zurück, damit sich der Satz gut verankern kann, Dein innerer Hafen werden kann.

Ich wiederhole noch mal: Nicht überüben!

Nicht nur die Übung selbst, sondern vor allem die Wiederholung ist der Weg zum Ziel.

Bei aufkommender Anspannung, komischen Gefühlen oder Gedanken:

Alles abschütteln, wegtanzen oder was für ein Ritual auch immer Du Dir dafür geben möchtest. Morgen ist auch noch ein Tag.

„Mut brüllt nicht immer nur.
Mut kann auch die leise Stimme am Ende des Tages sein,
die sagt: ‚Morgen versuche ich es noch mal.'"
Mary Anne Radmacher (Schriftstellerin)

Manchmal antwortet das System auch irgendwo, irgendwann, irgendwie völlig „zusammenhanglos", und dann ist es da, dieses Gefühl des Begreifens, Verstehens, Wohlens. *(<– diesen*

Begriff hat mal eine Coachee von mir benutzt, den ich gerne verwende. An dieser Stelle noch mal DANKE, liebe Susan!)
So kannst Du Schritt für Schritt einen inneren Hafen, einen Anker schaffen, der dir zur Seite steht, wenn es mal etwas klemmt, Du Dich aufregst oder blockierst, nicht bei Dir bist.
Machen wir einen kurzen Ausflug in die magische Welt von Harry Potter.
Der *Patronus-Zauber* verdeutlicht sehr bildhaft, wie ich diesen inneren Hafen, unseren Anker meine. J. K. Rowling sei an dieser Stelle mein tiefster Dank gesendet für ihre magischen, klugen und vor allem hilfreichen und wortgewandten Bilder.

„EXPECTO PATRONUM

Lat.: expectare – erwarten; expecto – ich erwarte;
patronus – Schutzherr
(Satz: Ich erwarte den Schutzherrn.)
Der Patronus-Zauber ist die einzige wirklich wirksame
Verteidigung gegen einen Angriff von Dementoren. Er zählt
zu den schwierigsten Zaubern überhaupt. Wenn man ihn
richtig anwendet, erschafft er einen Patronus, eine Gestalt

*des Glücks und der Hoffnung, die bei jedem Zauberer eine
andere Form annimmt. In den Büchern ist der Patronus
jedoch immer ein Tier. Was den Zauber für den Zauberer
so schwierig macht, ist, dass man, um erfolgreich einen
Patronus heraufzubeschwören, an eine sehr glückliche
Erinnerung denken muss. Ein Dementor ernährt sich von
Glücksgefühlen seiner Opfer, deswegen ist es kompliziert,
sich in Anwesenheit eines Dementors auf etwas Glückliches
zu konzentrieren."*
(Daniel Boger 26)

Ein Patronus ist in der Harry-Potter-Welt ein starker und ureigener Schutzzauber. Er spiegelt überdies auch die Persönlichkeit seines Eigners ab.

Der Patronus verkörpert den innersten Kern, das ureigene Selbst. Vertrauen wir auf diesen nach vorne gerichteten, positiven Kern in uns, können wir es sogar mit unseren Dämonen aufnehmen, die mit drohender Geste z. B. behaupten, wir seien nicht genug. Die *Dementoren* sind voller dunkler Magie und nähren sich, indem sie ihrem Opfer jegliches Glück aussaugen und die schlimmsten Erinnerungen wachrufen. Schafft Euch einen Patronus, einen inneren Hafen, füllt Eure wohlige Phiole mit allem, was Euch guttut, Euch mit Eurem positiven Selbst verbindet.

So haben wir uns nun ein *magisches* Tool geschaffen, um gut und entspannt bei uns selbst zu bleiben oder wieder zu uns selbst zurückzukommen, um unsere Stimme so mit uns zu verbinden, sie so zu erheben und für uns sprechen zu lassen, dass wir wertschätzend in Kontakt kommen, mitfühlend kommunizieren und aktiv zuhören können.

Eine Art „Beweis", dass das wirklich funktioniert, findet sich auch hier in einer wirklich sehr extremen Situation.

„In der Hölle tanzen – Wie ich Auschwitz überlebte und meine Freiheit fand" von Dr. Edith Eva Eger ist ein sehr empfehlenswertes Buch, das mich wirklich tief bewegt und beeindruckt hat. Dr. Edith Eva Eger schildert geradezu unglaublich persönlich und nahbar ihre Erfahrungen in Auschwitz und mit anderen

Gräueltaten der Nazis, denen sie ausgeliefert war, und wie sie zu einer der bedeutendsten Traumatherapeutinnen der USA wurde.

„Um zu überleben, bauen wir uns eine innere Welt, einen Zufluchtsort, selbst, wenn wir die Augen geöffnet haben. Ich erinnere mich an eine Mitgefangene, der es gelungen ist, ein Foto von sich aus der Zeit vor der Internierung zu retten, ein Bild, auf dem sie lange Haare hatte. Sie konnte sich in Erinnerung rufen, wer sie war, dass diese Person noch immer existierte. Dieses Bewusstsein wurde zur Fluchtburg, die ihren Lebenswillen bewahrte."
(Dr. Edith Eva Eger 27, S. 86)

„Wir können selbst wählen, was wir aus dem Grauen lernen. Entweder lassen uns Kummer und Angst verbittert werden. Feindselig. Gelähmt. Oder wir halten an dem fest, was kindlich an uns ist, an dem, was lebendig ist und neugierig – an dem Teil, der unschuldig ist." 27 (S. 90)

„Während mir fast alle um mich herum – SS-Leute, Kapos, Mitgefangene – jeden Augenblick eines Tages, vom Appell bis zum Ende des Arbeitstages, von Selektionsreihen bis Essensschlangen, versicherten, dass ich das Todeslager niemals verlassen werde, arbeitete ich an mir, eine innere Stimme zu entwickeln, die mir eine alternative Geschichte erzählte.
Das ist vorübergehend, sagte ich mir immer wieder. Wenn ich den heutigen Tag überlebe, bin ich morgen frei." 27 (S. 91)

Und hier noch etwas zu nonverbalen Signalen:

„Aber selbst in der Dunkelheit des Viehwaggons, in dem
sein Gesicht von kilometerlangen Schneeflächen von hinten
beleuchtet wird, kann ich erkennen,
dass seine Augen gütig sind." **27** *(S. 99)*

Ich möchte nun bitte nicht falsch verstanden werden und den
Eindruck erwecken, dass den Menschen in Auschwitz und anderswo diese menschenverachtenden Verbrechen erspart geblieben wären, hätten sie nur eine positive innere Haltung ge-
habt und auf ihr positives Selbst gehört. Mitnichten!
Dies ist ein Einzelfall, eine der wenigen Überlebenden mit ihrer außergewöhnlichen Geschichte und ihrem noch außerge-
wöhnlicheren und tief beeindruckenden Umgang damit.
Es soll Mut machen! Und dies unterstütze ich mit noch einem
Zitat dieser wunderbaren Frau aus ihrer Zeit als Therapeutin:

„Manchmal höre ich: ‚Momentan setzt mir mein Leben
ziemlich zu, aber ich darf mich nicht beklagen: Es ist
nicht Auschwitz.' Ein solcher Vergleich kann uns dazu
bringen, unseren eigenen Kummer zu bagatellisieren oder
kleinzureden. Um eine Kämpfernatur, ein starker Mensch
zu sein, ist es erforderlich, das, was war, und das, was ist,
ohne Wenn und Aber zu akzeptieren. Wenn wir unsere
Seelenqualen schmälern oder uns dafür bestrafen, dass
wir uns verloren oder isoliert fühlen, oder wenn wir uns
vor den Herausforderungen in unserem Leben ängstigen,
egal, wie marginal diese Herausforderungen anderen auch
erscheinen mögen, dann treffen wir immer noch die Wahl,
Opfer zu sein. Wir erkennen unsere Alternativen nicht.
Wir richten über uns. Ich möchte nicht, dass Sie meine
Geschichte hören und sagen: ‚Mein Kummer ist weniger
bedeutend.' Ich möchte, dass Sie meine Geschichte
hören und sagen:
‚Wenn sie das schafft, dann schaffe ich das auch!' **27** *(S. 30)*

3 Warum erforschen, wie wir etwas sagen?

„Die Sprache ist – gleich nach dem Küssen -
das erregendste Kommunikationsmittel,
das der Mensch bislang erfunden hat."
(unbekannt, gefunden von Rita Ringheanu,
Sprech-Freundin und Herzensmensch)

Ausgehend davon, was wir bereits über die Wirkung von Stimmen, von Spiegelneuronen und dem spannungsfreien Sprechen wissen, befassen wir uns nun mit den Inhalten des gesprochenen Wortes bzw. mit der uns ureigenen Form der Kommunikation. Auch hier ist es zunächst sinnvoll, sich im Alltag zu beobachten, sich zu sensibilisieren und bewusst zu machen, wie wir mit anderen Menschen in Kontakt treten, wie wir uns öffnen können und wollen, welche Themen uns leichtfallen, welche nicht, und an welchen Stellen es uns regelrecht die Sprache verschlägt, uns die Worte fehlen.

Über den Umgang mit Blockaden haben wir ja bereits einiges gelesen und auch Tools kreiert, mit diesen (stimmlich) gut umzugehen.

Jetzt schauen wir uns an, welche Kommunikationsstile wir haben, mit denen wir nach außen treten, quasi in den Wald hineinrufen.

3.1 Wie man in den Wald hineinruft ...

Ich bin überzeugt davon, dass auch beim Etwas-Sagen, genau wie beim Sprechen, die innere Haltung, die innere Stimme eine der größten Rollen spielt.

Natürlich kann man sich auch hier Techniken aneignen, aber ohne wirklich gefühlte und verstandene innere Grundhaltungen wird es auf Dauer nicht gelingen, wertschätzend, überzeugend, authentisch und zielführend zu kommunizieren.

Für mich ergeben in diesem Zusammenhang folgende Grundhaltungen den größten Sinn. Sie basieren auf dem Personzentrierten Therapie- und Beratungsansatz von Carl R. Rogers, der der Doktorvater von Marshall Rosenberg war, dem Begründer der gewaltfreien – ich nenne es lieber wertschätzenden – Kommunikation, auf die wir später noch dezidierter zurückkommen. Carl R. Rogers war ein einflussreicher Psychologe des 20. Jahrhunderts, der für seine humanistische Perspektive und seine Arbeit im Bereich der Personzentrierten Therapie bekannt ist. Seine Grundhaltungen sind grundlegende Annahmen über die menschliche Natur, zwischenmenschliches Agieren und den therapeutischen Prozess.

Kongruenz

Sie bezieht sich darauf, dass *Therapeut:innen* (ich ersetze dies im Folgenden für meine Themen durch *Gesprächspartner:innen oder Gegenüber*) authentisch und echt sein sollten, indem sie ehrlich ihre eigenen Gedanken, Gefühle und Erfahrungen ausdrücken, anstatt eine Fassade aufrechtzuerhalten. Rogers glaubte, dass Berater:innen, die in ihrer Kongruenz leben, eine echte und vertrauensvolle Beziehung zu ihren *Klient:innen* (auch dies ersetze ich im Folgenden für meine Themen durch *Gesprächspartner:innen oder Gegenüber*) aufbauen können. (vgl. Carl R. Rogers **28**)

Positive Akzeptanz

ist auch als Wertschätzung oder Wohlwollen bekannt und bedeutet, sein Gegenüber bedingungslos anzunehmen und ihm mit Respekt, Akzeptanz und Empathie zu begegnen. Rogers betonte die Bedeutung einer nicht-wertenden Haltung gegenüber dem/der Gesprächspartner:in, um eine unterstützende Umgebung für Selbstexploration und Wachstum zu schaffen. (vgl. Carl R. Rogers **29**)

Empathie

Rogers betrachtete Empathie als eine der grundlegenden Fähigkeiten, sich in die emotionale Welt des/der Gesprächspartner:in einzufühlen und seine/ihre Perspektive zu verstehen. Durch die Bereitstellung von Empathie kann eine tiefere Verbindung zum Gegenüber hergestellt werden und helfen, sich selbst besser zu verstehen und positive Veränderungen anzustreben. (vgl. Carl R. Rogers **30**)

Diese Grundhaltungen bilden das Fundament des Personzentrierten Ansatzes von Carl Rogers und prägen seine Sichtweise auf die Beziehung zwischen Gesprächspartner:innen sowie auf den Prozess der persönlichen Veränderung und des Wachstums.

Widmen wir uns zunächst der *Kongruenz*. Dabei erinnern wir uns an unsere innere Stimme, wie wir uns gut mit ihr verbinden, um bei uns selbst bleiben zu können. Auch unser körperliches Empfinden, unsere Haltung *(vgl. 2.4. Der heilige Gral)* ist dabei sehr relevant.

In der Kommunikation mit anderen ist es besonders wichtig, immer wieder zu prüfen, was ist meins, was ist Deins. *Triggert* mich das Gesagte der/s anderen und löst es bei mir Gefühle, Emotionen, Erinnerungen oder körperliche Unstimmigkeiten aus, die mich für den Moment blockieren, aktiv zuhören zu können, so sollte ich einen Moment innehalten, dies auch kommunizieren und prüfen, ob ich es beiseitelegen kann oder vielleicht eine Pause brauche. Möglicherweise bringt mich auch das Verbalisieren meiner Gefühle und Gedanken wieder in Einklang und in die Offenheit, das Gespräch störungsfrei weiterzuführen.

„Wer sich öffnet, kommt weiter."
(Reminder Brueggemeier, s. o.)

„BE SO COMPLETELY YOURSELF THAT EVERYONE
ELSE FEELS SAFE TO BE THEMSELVES TOO."
(unknown)

Positive Akzeptanz und Empathie bedingen und ergänzen sich. Zuallererst erscheint es mir wichtig, im Kontakt zu anderen vom Bewerten und Be- und Verurteilen zum Beobachten und Wahrnehmen überzugehen.

Und so funktioniert es auch in der *Gewaltfreien Kommunikation (nach Marshall B. Rosenberg)*, im folgenden GfK genannt, wobei ich, wie bereits erwähnt, ausformuliert die Bezeichnung „wertschätzende Kommunikation" bevorzuge.

„Der Sufi-Poet Rumi schrieb einst:
Jenseits von richtig und falsch liegt ein Ort.
Dort treffen wir uns."
*(gefunden bei Marshall B. Rosenberg **31**)*

Und auch hier gilt diese vorurteilsfreie Grundhaltung natürlich ebenso für mich selbst.

Je wohlwollender oder zumindest neutraler ich mein Handeln, mein Sein, mich selbst beobachte und wahrnehme, desto organischer und selbstverständlicher gelingt mir das auch bei meinem Gegenüber.

Je ernster ich meine eigenen Bedürfnisse und Wünsche wahrnehme, ohne sie zu bewerten, desto offener bin ich dafür bei anderen. Ansonsten besteht die Gefahr, dass ich durch die Bewertung oder Analyse der Befindlichkeiten und Taten meines Gegenübers, meine eigenen Bedürftigkeiten nach außen trage. Da komme ich dann gerne mal ins Vergleichen, ins Verurteilen und muss so auch nicht die Verantwortung für mich und mein Tun übernehmen. Da überwiegen Worte wie „sollen, müssen, wegen Dir, ...", oder es werden Gründe, Umstände, momentaner Status, unkontrollierbare Impulse vorgeschoben, um das eigene Handeln zu rechtfertigen.

Hilfreicher ist da die Sprache der positiven Akzeptanz und Empathie, die Wahlmöglichkeiten lässt. So werden Worte und Taten wirklich bewusst gefühlt und eigenverantwortlich gewollt und sind somit in jeder Hinsicht zielführender. Ich kann bei mir bleiben, Du bei Dir, und zusammen kommen wir in einen guten (lösungsorientierten) Kontakt, sind beziehungsorientiert.

Es ist etwas anderes, jemandem gegenüber einen Wunsch zu äußern oder um etwas zu bitten, von dem wir zumindest eine Ahnung haben, diese/r könne dies auch erfüllen, als dies unreflektiert zu verlangen, zu erwarten. Hier ist es wichtig zu beachten, was ist mein Bedürfnis an die andere Person gerade jetzt oder was hat mir missfallen, ohne mein Gegenüber generell infrage zu stellen.

Dazu schlüpfe ich für den Moment in die Schuhe des/r anderen, um die Welt des/r anderen zu verstehen oder dies zumindest zu versuchen und anzustreben.

> *„Wir können niemals jemanden dazu bringen,*
> *etwas zu tun.*
> *Denken auf der Grundlage von ‚Wer verdient was' blockiert*
> *einfühlsame Kommunikation."*
> *(Marshall B. Rosenberg 32)*

Dabei spielen weitere Faktoren mit: Die verschiedenen Kommunikationskanäle, die alles andere als unerheblich sind, um unsere Botschaften klar und eindeutig zu formulieren und sie so zu senden, dass der/die andere sie annehmen, im besten Fall verstehen und erfüllen kann.

Die **verbale** Kommunikation umfasst den Wort- und Satzbau, der **paraverbale** Kommunikationsteil bezieht sich auf jenen Anteil des Sprechens, der die Stimmeigenschaften und Sprachmelodie beinhaltet.

Nonverbale Kommunikation wird nicht durch Sprache vermittelt, sondern durch nichtsprachliche Zeichen. Dazu gehört zum Beispiel die Körperhaltung, Gestik und Mimik, aber auch die Stimmfarbe und Intonation und Geräusche wie Stöhnen, Schreien oder **Lachen**.

Wenn man bedenkt, dass Kommunikation zu ca. 70–80 % aus nonverbalen Äußerungen besteht, verwundert es nicht, wenn unsere Inhalte negativ konnotiert werden, wenn wir sie durch Stöhnen, Schnauben, Lachen etc. torpedieren.

Auch die intrinsische Motivation (innere Wertemotivation) und die Intention des Gesagten haben einen Einfluss darauf, wie man etwas sagt. Um wirklich ehrlich, offen und glaubhaft zu kommunizieren, ist es wichtig, dass die Intention und die innere Motivation mit dem Gesagten konform gehen. Das schließt z. B. Berechnung aus.

Ebenso unstimmig ist, sich mit etwas zufriedenzugeben, was die innere Stimme aufheulen lässt. Dann ist das Thema einfach noch nicht zu Ende besprochen. Bei einem (faulen) Kompromiss ist auf Dauer meistens keine/r so richtig zufrieden, auch wenn das erst mal danach aussieht und in vielen Fällen so kommuniziert wird.

Wenn sich zum Beispiel zwei Menschen um eine Orange streiten, dann ist es nicht damit getan, die Orange einfach in der Mitte durchzuschneiden. Wenn ich eine Orange wollte, ist es sicher besser, eine halbe zu haben als gar nichts. So richtig zufrieden und glücklich bin ich aber damit nicht. Also wäre es doch sinnvoll, beide Personen erst einmal zu fragen, was genau sie von der Orange möchten. Möglicherweise will der eine die Schale und die andere das Fruchtfleisch. Und schon haben wir eine Win-win-Situation.

(vgl. Dr. Elke Staehelin-Witt, Konflikte im Job: Der ultimative Leitfaden, tredition GmbH, 2018)

Also: Sich nicht vorschnell auf Kompromisse einlassen, die am Ende doch wieder zu einem unstimmigen Klima führen können, sondern lieber der Sache direkt wirklich auf den Grund gehen.

All dies sollte einbezogen werden, wenn wir sichergehen wollen, dass wir wertschätzend, authentisch und mitfühlend *in den Wald hineinrufen.*

3.2 … so schallt es hinaus

Kommen wir noch einmal zur **Kongruenz.**
Spüre ich Unstimmigkeiten in mir, die ich deckele oder gar negativ bewerte, so wachsen sie an und können zu echten Störungen in der Kommunikation mit mir selbst und auch mit anderen werden.
Ich habe schon des Öfteren beim Unterrichten, Vortragen und auch beim Schreiben dieses Buches gezweifelt und mich gefragt, was mich dazu berechtigt, meine Ideen, meine Konzepte, diese Zeilen zu schreiben, und ob all dies hier nicht vielleicht sogar zu autobiografisch ist.
Ich kann mir vorstellen, dass auch Du – z. B. vor einer wichtigen Präsentation – schon einmal dachtest: „Hoffentlich kommt mir keine/r auf die Schliche, dass ich ja eigentlich gar nicht so viel kann und weiß, wie ich es vorgebe …"

Das Hochstapler Syndrom/Impostor-Syndrom:

„Wer am Hochstapler-Syndrom leidet, der fühlt sich im z. B. Job unzulänglich, verbunden mit dem Gefühl aufzufliegen. Das Hochstapler-Syndrom beschränkt sich nicht auf Menschen mit Depression oder Minderwertigkeitskomplexen. Im Gegenteil: Manche meinen, es ein ‚Syndrom' zu nennen, werde der schieren Zahl an Betroffenen nicht gerecht, immerhin betreffe es 70 Prozent aller Menschen mindestens einmal im Leben. Das Impostor-Syndrom wird immer wieder im Zusammenhang mit Frauen genannt, dabei zeigen wissenschaftliche Untersuchungen, dass fast genauso viele Männer davon

betroffen sind. Allerdings gehen die anders damit um. Eine
Studie von Rebecca Badawy an der Youngstown University
in Ohio ergab, dass Frauen (nach eigenen Angaben)
in Erwartung einer Beurteilung oder eines negativen
Feedbacks zwar ängstlicher sind als Männer, sich davon
aber zu besseren Leistungen anspornen lassen. Männer
mit Impostor-Syndrom hingegen strengen sich bei Aussicht
auf Negativ-Feedback weniger an und resignieren eher. Als
Begründung stellt die Studie in den Raum, dass Männer
traditionell mit einem höheren Erwartungsdruck konfrontiert
werden und somit mit stärkeren Versagensängsten
zu kämpfen haben."
(Kristina Appel 33)

Und um das noch einmal aufzugreifen: Ja, vor allem autobiografisch ist das Ganze hier. Meine persönliche Sichtweise, zu
der ich durch die intensive Beschäftigung mit mir und meinen
Mitmenschen und aufgrund meiner Leidenschaft für Stimme
und Kommunikation über viele Jahre kam.
Meine innere Stimme, wenn ich ihr denn zuhöre oder ihr zumindest ab und an Aufmerksamkeit schenke, beschert mir
zum einen die Möglichkeit, in den inneren Diskurs zu gehen,
mir den Raum zu geben, den ich brauche, und mich selbst zu
regulieren. Auf diese Weise kann ich mich auch anderen öffnen, darauf vertrauend, dass alles, was ich in dem Moment
fühle und denke, genau so sein darf. Ohne zu bewerten. Es
geht um Beziehung, um Kontakt, um Senden und Empfangen.
Es geht um die Auseinandersetzung, um die Vielfalt, um die
Offenheit für Veränderung und schlussendlich um Wachstum.
Dazu braucht es die entsprechenden Frequenzen (wie beim
Radio), die häufig und situationsbedingt nachjustiert werden
sollten.
Und JA! Manchmal gibt es auch einfach keine passende Frequenz. Aber auch das finde ich nur heraus, wenn ich meiner
inneren Stimme, meinem Körper und meinem Selbst die Aufmerksamkeit schenke, die es in diesem Moment braucht.

„(...) Die Neurose unseres Zeitalters ist doch das Streben
nach Perfektion. Das macht uns intolerant und wütend,
wenn Menschen nicht so sind, wie wir sie haben möchten.
Heutzutage ist perfekt zu sein die neue Religion.
Das ist Gift für jede Beziehung. Wenn zwei Menschen
der Ansicht sind, du bist perfekt und ich auch, dauert es
nicht lange, bis Probleme auftauchen. Menschen trennen
sich dann schnell, weil sie glauben, das sei das Ende ihrer
Liebe. Dabei ist das ein guter Moment, sich gegenseitig
wirklich *kennenzulernen. Wahre Liebe besteht vor allem aus*
Vergeben und darin, schlechtes Verhalten
gut zu interpretieren."
*(frei nach Alain de Botton **34**)*

In einer Beziehung (auch zu mir selbst) geht es in erster Linie
darum, eine gemeinsame Frequenz zu finden, auf der gesendet und empfangen wird, da ist mal der eine der Sender, mal
die andere die Empfängerin, im besten Falle gleichermaßen.
Kommunikation lebt vom wahrhaftigen Kontakt, der durch
Nähe entsteht, durch aktives Zuhören und Gehört-Werden,
durch Schwingungen, die uns miteinander resonieren lassen
und uns verbinden, dabei muss die Frequenz ab und an angepasst werden, je nachdem, wohin die Reise geht.
(Herzlichen Dank an Artemio Tensuan, Schauspieler und Sprecher, für dieses stimmige Bild.)
Es geht um die wahrhaftigen kleinen Unebenheiten, die möglicherweise auf den ersten Blick gewissen Standards nicht entsprechen, nicht „perfekt" sind – am Ende aber eine Nahbarkeit schaffen, der man sich nicht entziehen kann.
Es geht um Echtheit, um Authentizität und um den „zweiten
Blick".
Und manchmal ist die Senderin oder der Empfänger auch einfach im „off"-Modus. Da gilt es zu schauen, ist das nur für den
Moment, oder gibt es einfach keine Verbindung, keinen Kontakt, keine Kommunikationsgrundlage. Dies ist sicher die traurigste, aber oftmals auch wegweisendste Erkenntnis.

Angespannte Versuche, das zu ignorieren, führen unweigerlich zu Toxizität, ohne dies nun vertiefen zu wollen. Dieses Thema hat sicher schon viele Bücher gefüllt.

Ein-Klang-Momente

Unsere innere Stimme, unser Selbst und
unser Körper leiten uns,
wenn wir nur genau hinhören.
So können wir unserem Streben nach Balance und
Harmonie näher kommen.

→ Musiktipp, Echt!Hauf-Playlist-Titel
27 *Guiding Light – Alexis Ffrench*

„Wenn wir den Mut haben,
uns wahrhaftig so zu zeigen, wie wir sind,
so geben wir auch unseren Mitmenschen die Einladung und
Erlaubnis, sich sicher zu fühlen, sie selbst sein zu können."
(unbekannt)

Ich kann es nicht oft genug betonen: Wiederholung, ein Darauf- Zurückkommen, Nicht-Verleugnen und Nicht-Bewerten sind der Schlüssel für Einklang, Erdung, Verbindlichkeit und somit zum Erfolg. Das gilt für unsere ureigene Stimme genauso wie für unsere ganz persönliche Form der Kommunikation. Genau hinzuschauen, mich zu sensibilisieren und mir bewusst zu werden, wie ich kommuniziere mit mir und anderen, schafft mir den Rahmen, eben dies zu verändern, im Einklang mit meinem Selbst.

„Der Mensch (...) steht stets im Mittelpunkt der Betrachtung.
Aufbauend auf diesen Ansatz geht Rogers davon aus, dass
das Selbst des Menschen aus seinen im Lauf des Lebens

gemachten Erfahrungen entsteht und auf ihnen aufbaut.
Das Aufwachsen des Menschen ist nach Carl R. Rogers
die Herausbildung von Bildern und Meinungen über das
Selbst. Das so entstehende Selbstbild ist maßgebend für
die Persönlichkeit des betrachteten Menschen und seine
grundsätzliche Einstellung zum Leben in der ihm gegebenen
Umgebung. (...)
Nach Dr. Carl Rogers bildet das aktive Zuhören die
Grundlage für vertrauten und aufrichtigen Umgang zwischen
Menschen. Dies wiederum ist ein Eckpfeiler erfolgreicher
zwischenmenschlicher Kommunikation und damit stets ein
elementarer Bestandteil menschlichen Zusammenlebens,
sowohl in der Vergangenheit
als auch in der modernen Wissensgesellschaft."
(Nawroth, Philipp 35)

Auch was wir inzwischen über die *Spiegelneuronen* wissen, ist hilfreich, um eventuell einordnen zu können, warum das von uns Gesagte nicht oder nicht mit unserer Intention beim Gegenüber ankommt. Waren körperliche Anspannungen da? Habe ich zu viel, zu mechanisch und nicht spürbar gelächelt? Passte mein Inhalt zu meiner Mimik und Gestik, zu meinen nonverbalen Äußerungen? Waren sie *kongruent* zu meinen Inhalten? War ich bei mir und mit meiner inneren Stimme verbunden? War ich authentisch?

3.3 Wie Du mir, so ich Dir

Täglich bewerten und interpretieren wir Menschen und Situationen, privat wie beruflich. Wir nehmen das meistens unhinterfragt hin und sind uns dessen häufig gar nicht bewusst. Wenn wir eine *trennende Sprache* sprechen, dann urteilen wir über andere Menschen, welches Verhalten uns nicht gefällt oder was wir an ihnen auszusetzen haben. Wir sprechen **über** Menschen **anstatt mit** Menschen. Die Aufmerksamkeit richtet sich eher auf das Fehlverhalten als auf das, was Menschen brauchen. Wenn sich zum Beispiel ein/e Kolleg:in um andere Kolleg:innen sorgt und sich wirklich interessiert, dann könnte es sein, dass dies als neugierig oder gar kontrollierend empfunden wird. In der Hierarchie eines Betriebes, Vereins oder welcher Organisation auch immer kommt es sicher noch zu ganz anderen Fehlwahrnehmungen und strukturell bedingten Dysbalancen. Das sind Denkweisen, die weder uns selbst das Leben erleichtern, noch eine konstruktive Zusammenarbeit oder gar agiles Management fördern. Natürlich ist ein sachlich analytisches Urteilsvermögen wichtig im Hinblick auf Erfolg. Im Kontakt mit anderen Menschen ist es jedoch essenzieller, dass wir Offenheit und eine wertschätzende Form der Bewertung finden, die Gemeinschaft und Solidarität fördert. (vgl. Beate Brueggemeier **36**)

„Wenn wir bereit sind, auf versteckte, subtile Ausdrucksweisen in unseren eigenen Worten zu achten, entdecken wir schnell, dass Worte Fenster oder Mauern sein können."
*(Beate Brueggemeier **36**)*

Die folgende Tabelle mit Beispielen gibt einen ersten kurzen Überblick zu Differenzierungen von trennender und verbindender Sprache.
*Beate Brueggemeier **37**:*

Trennende Sprache	Verbindende Sprache
Interpretationen, Bewertungen, Urteile, Verallgemeinerungen „In diesem Durcheinander kennt sich ja niemand aus. Nie halten Sie Ordnung."	Beobachtung als Gesprächseinstieg „Im Projektordner sehe ich keinen Vertrag."
Kritisieren „Sie sind nicht auf den Kunden zugegangen."	Die guten Gründe hinter dem Verhalten sehen. „Sie wollten dem Kunden Zeit geben, sich erst einmal in Ruhe die Produkte anzusehen?"
Andere Personen werden für Gefühle verantwortlich gemacht. „Ich bin verärgert, weil Sie keine Absprachen einhalten."	Die Verantwortung für Gefühle und Bedürfnisse wird übernommen. „Ich bin ärgerlich, weil ich mich auf Absprachen verlassen möchte."
Befehlen: Bedürfnisse bleiben unberücksichtigt. Es gibt nur eine Möglichkeit der Ausführung. „Bring jetzt den Müll raus!"	Bitten: Es gibt Handlungsalternativen. Bedürfnisse werden berücksichtigt. Win-win-Lösungen „Mir ist es wichtig, dass alle im Haushalt einen Beitrag leisten. Ich brauche Entlastung. Kannst du mir sagen, was du tun möchtest?"

Strafen, drohen, fordern „Wenn Sie das nicht schaffen, überlegen wir uns Alternativen."	Bitten statt Forderungen. Wahlmöglichkeiten werden zugelassen. „Was brauchen Sie, damit Sie dieses Projekt termingerecht zu Ende bringen können?"
Sich im Recht fühlen, Fehler und Schuldige suchen. „Der Kunde hat uns den Auftrag nicht erteilt, weil Sie ihn nicht richtig informiert haben."	Wertfreie Beobachtung ansprechen. Bedürfnisse und konkrete Bitten mitteilen. „Der Kunde hat mir mitgeteilt, dass wir den Auftrag nicht bekommen, da er die Informationen über das Produkt nicht bekommen hat. Können Sie mir sagen, was genau passiert ist?"
Nein-Sagen, ohne die Bedürfnisse der anderen zu sehen „Nein, ich schreibe kein Protokoll."	Nein-Sagen und Alternativen aufzeigen „Ich habe noch Projekt XY bis zum … zu bearbeiten. Könnten Sie Kollegin Müller fragen, oder der Abgabetermin für XY wird verlängert."
Missglückter Versuch, Bedürfnisse auszudrücken	Ziel: wertschätzende Verbindung zu sich und anderen

So ist es also unerlässlich, die eigene Kommunikation gut zu erforschen, kritisch unter die Lupe zu nehmen und eine Form zu finden, die zu uns passt und wie wir mit uns selbst und anderen umgehen wollen.

Auch nicht zu unterschätzen sind hier *Introjektionen* und *Glaubenssätze*, die uns möglicherweise nicht frei, neutral und im Moment kommunizieren lassen.

„Introjektion

*ist die unbewusste Einbeziehung fremder Anschauungen,
Motive o. Ä. in das eigene Ich, in den subjektiven Interes-
senkreis*
*Bei der Introjektion oder Identifikation übernimmt die Per-
son Wertvorstellungen und Normen einer anderen Person
und richtet ihr Verhalten darauf aus.“ (Duden)*

Glaubenssätze

sind tief verwurzelte Überzeugungen, die eine Person über
sich selbst, andere Menschen und die Welt im Allgemei-
nen hat. Sie beeinflussen die Wahrnehmung, die Gedanken
und das Verhalten einer Person und können sowohl positiv als auch negativ sein. Diese Überzeugungen werden oft
früh im Leben entwickelt und können durch Erfahrungen,
Erziehung, Kultur und andere Einflüsse geformt werden.
Glaubenssätze werden als zentrale Elemente betrachtet,
die das emotionale Wohlbefinden und das Verhalten einer Person beeinflussen können. Durch die Identifizierung
und Überprüfung von ungesunden oder irrationalen Glaubenssätzen können wir daran arbeiten, diese zu verändern
oder zu modifizieren, um positive Veränderungen im Denken, Fühlen und Handeln zu fördern. *(vgl. Judith S. Beck **38**)*

Halte dann gerne im Gespräch inne, wenn in Dir Ärger auf-
kommt oder plötzliche Unstimmigkeiten auftauchen, und prü-
fe, ob Du wahrhaftig im Hier und Jetzt bei Deinem Gegenüber
bist oder ob Du aufgrund alter Verletzungen, Erlerntem, Imitier-
tem und/oder aufgrund eigener Glaubenssätze argumentierst.

*„Jeder von uns hat bestimmte Glaubens- oder Überzeugungssysteme, die eng mit den eigenen persönlichen Werten verknüpft sind und die unsere Motivation, Entscheidungsfindung und Leistungsfähigkeit erheblich beeinflussen können. Diese Systeme prägen unseren Lebenswillen und ermöglichen die Entwicklung und Gestaltung von Lebensplänen, Zielen und Bedürfnissen. Glaubenssysteme bestehen dabei aus mehreren Glaubenssätzen, die sich gegenseitig stützen und verstärken. Glaubenssätze sind der Ausdruck dessen, was wir über uns und die Welt denken. Sie bestimmen unsere Erwartungen, das, was wir für wahr halten, und das, was wir erreichen können. Man könnte sie auch als innere Überzeugungen bezeichnen. (...)
Positiv formulierte Glaubenssätze werden auch als Affirmationen bezeichnet.“
(Dr. Beate Guldenschuh-Feßler, Dr. Roman Feßler 39)*

Wunderbar hierzu auch:
(Vera Birkenbihl, https://youtu.be/Ah65G5w6q0)

4 Das Wie beim Sagen

Dass ich hier so ausführlich über Grundhaltungen und Grundannahmen spreche, liegt daran, dass ich fest davon überzeugt bin, dass erst, wenn diese verstanden, verinnerlicht und wirklich verankert sind, eine gewaltfreie, einfühlsame Kommunikation möglich ist.

Dabei wäre mir dennoch ein Punkt besonders wichtig:
In aller Theorie, u. a. nach Carl R. Rogers und Marshall B. Rosenberg, liegt kein Anspruch auf das, was wir landläufig unter *Perfektion* verstehen, das würde jeglichen Grundhaltungen und -sätzen widersprechen. In der praktischen Umsetzung, im (Berufs-)Alltag und auch im Privatleben dürfen wir nicht vergessen, dass wir alle Menschen sind.

Keine Roboter.

Menschen sind nicht perfekt.

Menschen haben für ihre ganz eigenen Erfahrungen und Emotionen ihre ganz eigenen über Jahre etablierten Strategien, mit diesen umzugehen und eben auch *Trigger*.

D. h, dass es passieren kann, dass man in einem Konflikt, in einem Streitgespräch durchaus mal „steil dreht", wie die Berlinerin sagt, und alles hier Gelesene vergisst. Da wird man dann mit sich hadern, streng ins Gericht gehen und sich somit wieder in eine Stresssituation, in Anspannung und Missstimmung versetzen. Man dreht sich im Kreis und spitzt u. U. allein dadurch die Situation zu. Ich kenne das nur allzu gut, z. B. aus familiären Konfliktsituationen oder Liebesbeziehungen, dass ich dann besonders streng mit mir bin, da ich all das ja gelernt habe und mich selbst Expertin für Stimme und Kommunikation nenne.

Wie kann es dann sein, dass ich derart „versage"?

Damit sind wir wieder bei den personzentrierten Grundhaltungen angelangt. Wenn ich von Empathie und Wertschätzung spreche, dann gilt dies auch für mich selbst. Sicher sogar zuallererst.

Ich möchte damit verdeutlichen, dass gewaltfreie/wertschätzende Kommunikation immer in vier Richtungen geht: Du zu mir, ich zu Dir, ich zu mir und Du zu Dir.

Also jede/r immer auch in Wechselwirkung mit sich selbst. Das vergessen wir nur allzu gerne. Wenn ich selbst streng mit mir bin, unnachgiebig und angespannt, dann übertrage ich das auf mein Gegenüber, und Konflikte sind vorprogrammiert.

Liebevoll erfüllende Momente

Im Grunde genommen geht das schon auf Jesus zurück:
„Liebe Deinen Nächsten wie Dich selbst."
… wie Dich selbst …

→ Musiktipp, Echt!Hauf-Playlist
Titel 28 *Your Love Will Never Change – Live at Mosaic*
Titel 29 *Beauty in You – Karen Drucker*

*Goethe sagte „Es muss von Herzen kommen,
was auf Herzen wirken soll."*

Die Botschaft sollte also echt und wahrhaftig sein, keine auswendig gelernte Floskel.

4.1 Grundhaltungen, Eigen- und Fremdwahrnehmung

Grundlagen der gewaltfreien Kommunikation nach Dr. Marshall Rosenberg

„Die GfK hilft uns, mit uns selbst und mit unseren
Mitmenschen so in Kontakt zu kommen,
dass sich unser natürliches
Einfühlungsvermögen wieder entfalten kann.
Die GfK zeigt uns, wie wir unsere Ausdrucksweise und unser
Zuhören durch die Fokussierung unseres Bewusstseins auf
vier Bereiche umgestalten können: was wir beobachten,
fühlen und brauchen und worum wir bitten wollen,
um unsere Lebensqualität zu verbessern.
Die GfK fördert intensives Zuhören, Respekt und Empathie,
und sie erzeugt einen beiderseitigen Wunsch,
von Herzen zu geben.“
(Marshall B. Rosenberg **40***)*

Kombiniert mit allem, was wir über den (über)spannungsfreien Einsatz der Stimme gelernt haben, rundet sich das Bild.

„Die einen nutzen die GfK, um
mit sich selbst einfühlsam umzugehen,
andere vertiefen damit ihre persönlichen Beziehungen
und wieder andere bauen sich so bessere Kontakte am
Arbeitsplatz oder in der Politik auf.
Auf der ganzen Welt wird die GfK eingesetzt, um bei
Auseinandersetzungen und Konflikten
auf allen Ebenen zu vermitteln.“
(Marshall B. Rosenberg **40***)*

Sicherlich kennen wir alle Situationen, in denen Kolleg:innen nur noch das Nötigste miteinander sprechen, ohne zu verstehen, was eigentlich zwischen ihnen steht. Unstimmigkeiten entstehen also häufig durch nicht stattgefundene Aussprachen. Das ruft Unzufriedenheit hervor. Die negativen wirtschaftlichen Auswirkungen durch Kommunikationsstörungen innerhalb eines Unternehmens auszugleichen ist das eine. Noch entscheidender ist: Menschen behalten Ärger und Frust meistens nicht für sich, sondern erzählen ihn weiter. Jede Person hat Personen in ihrem Netzwerk, die durchaus auch in Entscheidungspositionen sind, hat Beziehungen, privat wie beruflich. So zieht jede schiefgelaufene Kommunikation Kreise. Die Zeit, die dabei nicht produktiv genutzt wird, ist ein betriebswirtschaftliches Problem, aber nicht das einzige. Jede/r fünfte Mitarbeiter:in reicht aufgrund von Missstimmungen, Kommunikationsproblemen und Frustrationen die innere Kündigung ein. Unzufriedene Mitarbeiter:innen sind demotiviert und bringen dadurch ihr kreatives Potenzial und ihr fachliches Know-how nicht in die Arbeit ein. Es geht um die Eigenverantwortung von Menschen und einen werteorientierten Wandel. Denken wir an *agiles Management*, das ist ein flexibler, teamorientierter Ansatz, der schnelle Anpassungen und wiederholbare, schablonenhafte Entwicklungsprozesse fördert. Er wird sich häufig auf die Fahne geschrieben, selten wirklich wahrhaftig und konsequent umgesetzt. Einen werteorientierten Wandel können wir gestalten, indem wir Verantwortung für unsere Gegenwart und unsere Zukunft übernehmen:

- Ziele erreichen mit einer Kommunikationsform, die niemanden übergeht oder verletzt;
- eine Kultur des Miteinanders fördern, die die Besinnung auf Bedürfnisse, Werte und wertschätzendes Handeln ermöglicht;
- ein Umfeld für Vertrauen, Offenheit und Aufrichtigkeit kreieren und damit sich und anderen ermöglichen, sich authentisch zu zeigen;
- in einer Haltung leben, die von Menschlichkeit geprägt ist. Wie heißt es doch so schön: „Der Kunde ist König" – aber das sollte im Grunde auf alle Menschen in einem Unternehmen zutreffen. Zufriedene Mitarbeitende schaffen zufriedene Kund:innen.

Mit der Wertschätzenden Kommunikation werden wir das Handwerkszeug erlangen, einen wertschöpfenden Wandel in unserem täglichen Berufs- und Privatleben umzusetzen.

Macht mit Menschen und das gemeinsame Tun auf Augenhö he bedeutet u. a., ein Umfeld zu schaffen, in dem Menschen Einfluss nehmen, den Sinn ihrer Arbeit erkennen und ihr Besonderes entfalten können. Mit der wertschätzenden Kommunikation wird die Selbstverantwortung des Einzelnen gefördert. Menschen werden in ihrer Ganzheit und nicht nur mit ihrem momentanen Leistungspotenzial gesehen. Warum geschieht es immer wieder, dass Sprache trennt, statt zu verbinden? Unsere Kommunikation bringt Missverständnisse hervor, obwohl wir Verständigung anstreben.
(vgl. Beate Brueggemeier **41**)

Schauen wir uns nun die Praxis an.

Die 4 Schritte der gewaltfreien/wertschätzenden Kommunikation nach Dr. Marshall Rosenberg

1. **Beobachtung:** Was ich wahrnehme, ohne zu interpretieren oder zu bewerten
2. **Gefühl:** Was ich fühle, ohne meine Gedanken beizumischen
3. **Bedürfnis:** Was ich brauche, was mir wichtig ist
4. **Bitte:** Was ich in diesem Moment gerne konkret von meinem Gegenüber möchte, wenn diese/r bereit ist, es mir freiwillig zu geben

Schlüsselunterscheidungen
Beobachtung <–> Interpretation
Gefühl <–> Denken
Bedürfnis <–> Strategie
Bitte <–> Forderung

Die 8 Grundemotionen:
Freude,
Trauer,
Ekel,
Angst,
Überraschung,
Wut,
Scham
und Verachtung.

Pseudo-Gefühle oder Nicht-Gefühle

sind Gedanken oder Gefühle, die vermischt sind mit Bewertungen, Interpretationen und/oder Schuldzuweisungen wie z. B. abgelehnt, erniedrigt, bevormundet, manipuliert, unverstanden, verletzt … (gehen ins Außen, beinhalten Vorwürfe).

Sie kommen oft nach einer Einleitung mit „Ich habe das Gefühl, dass …", „Ich fühle mich wie …", „Ich fühle mich, als ob …"

Beispiele mit Übersetzung

„Ich habe das Gefühl, dass mich niemand ernst nimmt."
–> „Ich bin sauer, weil ich mit meinem Anliegen
gehört werden will."

„Ich fühle mich missverstanden."
–> „Ich bin frustriert, weil ich in meinem Anliegen
verstanden werden möchte."

„Ich habe das Gefühl, ausgenutzt zu werden."
–> „Ich bin ärgerlich, weil mir die Balance von Geben
und Nehmen wichtig ist."

Wertschätzende Kommunikation:

„Ich zu mir, Du zu Dir":
Inneres Gewahrwerden bzw. Selbstempathie – erforschen,
was dem Selbst wichtig ist.
„Ich zu Dir, Du zu mir":
Klar und authentisch aussprechen,
was für das Selbst wichtig ist.
„Du – Innen":
Empathie für Gesprächspartner:in, in die Schuhe des/r
anderen schlüpfen, wie die Welt des/r
anderen vermutet wird.
„Du – Außen":
Einfühlsam zum Ausdruck bringen,
wie die Welt des/r anderen vermutet wird.
(vgl. Brüggemeier, 2010)

Je radikaler ich die Individualität der anderen Person anerkenne, desto mehr Verständnis gewinne ich für mich selbst und den/die andere/n.

4.2 Sprach- und Kommunikationsstandards

In der Telekommunikation und Informationstechnologie sind Kommunikationsstandards spezifische Regeln und Vereinbarungen, die festlegen, wie Informationen zwischen verschiedenen Systemen, Geräten oder Personen ausgetauscht werden. Sie spielen eine wichtige Rolle, um einen reibungslosen Informationsaustausch zu gewährleisten.
Die Voraussetzung für eine Kommunikation auf Augenhöhe ist – neben den erläuterten Grundhaltungen und den 4 Schritten der GfK – die Verständigung auf eine gemeinsame Sprache, deren Codes und Besonderheiten den Gesprächspartner:innen gleichermaßen bekannt sein sollten. Dabei gilt es, geschlechtsspezifische, interkulturelle, altersbedingte und situative Gege-

benheiten zu berücksichtigen. Dies erfordert ein hohes Maß an aktivem Zuhören, empathischem Verstehen, Mut und die Fähigkeit, gegebenenfalls bei Un- oder Missverstehen nachzufragen und zu klären, ob die Störung einen sprachlichen, inhaltlichen oder emotionalen Ursprung hat. (vgl. auch *Trigger*) –> Wahrnehmen, ohne zu bewerten, aktiv zuhören, spüren, verstehen wollen.

Geschlechtsspezifische Kommunikation ist viele Bücher füllend, da verweise ich gerne auf die entsprechende Literatur sowie auf Sendungen und Reels von Comediennes wie u. a. Carolin Kebekus, Sarah Bosetti, Schauspielerinnen wie z. B. Meryl Streep.
Dennoch kann ich nicht umhin, ein paar eigene Erfahrungen dazu aufzuführen. Mir fällt immer häufiger auf, dass Frauen zunehmend klarer ihre Bedürfnisse und Wünsche äußern, Pläne machen und strukturiert sind, gerade und vor allem in ihrer Kommunikation. Nun ist es mir sowohl in persönlichen, privaten wie auch in geschäftlichen Beziehungen zuletzt vielfach so ergangen, dass – mit Verlaub – die männliche Seite nicht so richtig gut damit klarkommt. Je klarer ich meine Wünsche und Vorstellungen formulierte, desto schneller wurde ich von der männlichen Seite als anstrengend oder gar überehrgeizig und zu fordernd wahrgenommen, und Mann fühlte sich unter Druck gesetzt. Das ließ mich meist erstaunt und irgendwie auch **ent**-powered zurück. Wurde mir als Frau mein Leben lang entgegengeschleudert, dass wir Frauen viel zu unklar und nicht zielstrebig genug seien, ich solle auf den Punkt kommen, nicht „rumeiern", nicht gefühlsduselig sein und solle nicht alles gleich persönlich nehmen, nehme ich jetzt genau die umgekehrte Situation wahr.
Was nun?
Wie und warum kommen wir einfach nicht auf einen Nenner? Ich empfinde vieles einfach nur als Lust an Machtspielerei, beidseitig, und um die eigentlichen Themen und Inhalte geht es dann gar nicht mehr.

Nichts wünsche ich mir mehr als Kommunikation auf Augenhöhe. Ich denke, da müssen wir alle noch weiter an uns arbeiten.

Für den Anfang ist es sicher schon mal gut, sich klarzumachen, wer, was, warum, auf welchem Hintergrund und in welcher Situation sagt und was das ggf. mit Sozialisation, Rollenidentität, sozialer Herkunft usw. zu tun hat.

Mach Dir klar, dass gleich klingende Worte nicht unbedingt inhaltlich gleiche Worte sind. Versuche im Zweifelsfall zu ergründen, was genau gemeint ist, welche Konnotation des Wortes oder der Formulierung besteht, in welchem Zusammenhang sie benutzt werden, wie sie tatsächlich zu verstehen sind, um Missverständnissen vorzubeugen.

In der Kommunikation haben wir immer das gleiche Schema: Sender:in, Nachricht, Empfänger:in. Eine gelungene Kommunikation überträgt die Nachricht in all ihren Elementen – Sachinhalt, Selbstoffenbarung, Beziehung und Appell – von Sender:in zu Empfänger:in. Dazu ist es wichtig, dass die Gesprächspartner:innen diese vier Elemente gleich verstehen bzw. interpretieren.

Punktgenau an dieser Stelle ist das von Friedemann Schulz von Thun entwickelte „4-Ohren-Modell".

„Das Kommunikationsquadrat ist das bekannteste Modell von Friedemann Schulz von Thun und inzwischen auch über die Grenzen Deutschlands hinaus verbreitet. Bekannt geworden ist dieses Modell auch als ‚Vier-Ohren-Modell' oder ‚Nachrichtenquadrat'.
Wenn ich als Mensch etwas von mir gebe, bin ich auf vierfache Weise wirksam. Jede meiner Äußerungen enthält, ob ich will oder nicht, vier Botschaften gleichzeitig:
eine Sachinformation (worüber ich informiere) – blau,
eine Selbstkundgabe
(was ich von mir zu erkennen gebe) – grün,
einen Beziehungshinweis (was ich von dir halte und wie ich zu dir stehe) – gelb,
einen Appell (was ich bei dir erreichen möchte) – rot.

Ausgehend von dieser Erkenntnis hat Schulz von Thun 1981
die vier Seiten einer Äußerung als Quadrat dargestellt. Die
Äußerung entstammt dabei den ‚vier Schnäbeln' des Senders
und trifft auf die ‚vier Ohren' des Empfängers.
Sowohl Sender als auch Empfänger sind für die
Qualität der Kommunikation verantwortlich, wobei die
unmissverständliche Kommunikation der Idealfall ist
und nicht die Regel."
(www.schulz-von-thun.de 42)

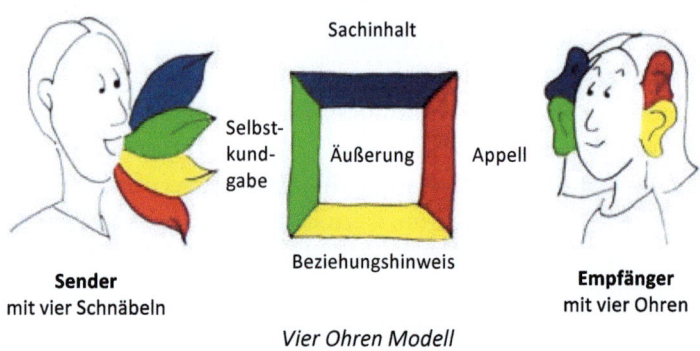

Sender
mit vier Schnäbeln

Empfänger
mit vier Ohren

Vier Ohren Modell

Interessant wird es auch bei dem, was wir unter „Sprachge-
fühl" verstehen. Nimmt man beispielsweise das grammati-
kalische Geschlecht von „die Brücke", im Deutschen feminin
und eher mit Eleganz und Schönheit bildhaft assoziiert, ist es
im Spanischen „el puente", maskulin und eher mit Attributen
wie stark, mächtig oder massiv verbunden. Wir benutzen also
nicht nur unterschiedliche Worte, sondern haften auch Ideen,
Konzepte und Vorstellungen durch unsere kulturabhängige
Sprachsozialisation an Objekte und unsere Umgebung. Das
heißt, es schwingen noch viele andere Dinge, in dem, was wir
sagen, mit, derer wir uns nicht immer bewusst sind. Wir erinnern uns an die bereits erwähnten para- und nonverbalen
Sprachsignale, die vor allem auch im interkulturellen Kontext
noch hinzukommen.

Ein paar Beispiele zur Verdeutlichung:
Andere Länder, andere Gesten: Im deutschsprachigen Raum bedeutet mit dem Kopf nicken „Ja", Kopfschütteln „Nein" – aber nicht z. B. in Griechenland. Dort wird diese Geste genau andersrum verwendet. Wenn ein Grieche den Kopf schüttelt, drückt er seine Zustimmung aus. Ein Nicken bedeutet hingegen „Nein". Noch verwirrender wird es für uns, wenn auch noch gesprochen wird. Denn „Né" heißt auf Griechisch „Ja". Man sollte daher beachten, dass die Griechen nicht nur „Nein" meinen, wenn sie nicken, sondern „Ja", wenn sie „Né" sagen. In Indien, Pakistan und Bulgarien wird das Kopfnicken auch nicht unbedingt als Zustimmung verstanden. Dort wiegt man den Kopf hin und her, um „Ja" zu sagen. In Äthiopien wirft man den Kopf zurück, um eine Frage zu bejahen.

Die gleiche Geste, das Zurückwerfen des Kopfes, bedeutet andernorts aber genau das Gegenteil: In arabischen Ländern, in der Türkei, in Griechenland und in Süditalien sagt man auf diese Weise „Nein".

Und in Japan verneint man ein Angebot auch nicht durch Kopfschütteln, sondern indem man wie ein Scheibenwischer mit der Hand vor dem Gesicht wedelt.

Des Weiteren begrüßen sich in Griechenland nur Freunde und Familienangehörige mit Händedruck oder gar Umarmungen. Ansonsten bleibt es erst mal bei einem Schulterklopfen oder beim verbalen Gruß.

Seinem griechischen Gegenüber die offene Handinnenfläche mit abgespreizten Fingern entgegenzuhalten könnte hier als Beleidigung aufgefasst werden. Daher sollte man darauf achten, dass beispielsweise das Anzeigen der Zahl Fünf nicht falsch verstanden wird.

Bei uns und in vielen anderen Ländern wird mit der „Daumen-hoch-Geste" Zustimmung bzw. eine positive Bewertung ausgedrückt. Nicht aber in Griechenland! Hier gilt der Fingerzeig als obszöne und rüde Geste.

Der nach oben gestreckte Daumen, der in Deutschland auch „eins" bedeuten kann, ist in Australien und Nigeria dagegen eine sehr vulgäre Beschimpfung, mit der man jemanden loswerden möchte.

Und auch mit den zum Kreis geformten Zeigefinger und Daumen bei ausgestreckten Fingern sollte man Vorsicht walten lassen: Während diese Geste in weiten Teilen Europas und den USA meist als „in Ordnung" oder „gut so, bestens" verstanden wird, bedeutet sie in Frankreich und Belgien „null" oder „nutzlos".

In vielen Teilen Südeuropas, Südamerikas, im Nahen Osten sowie in Russland sollte man dieses Handzeichen tunlichst vermeiden: Dort stellt es eine üble Beschimpfung dar, die auf diskriminierende Weise Homosexuelle verspottet.

(vgl. hierzu https://intercultural-success.de/nonverbale-kommunikation-interkulturell/)

Im (inter-)kulturellen Kontext ist es auch wichtig zu betrachten, ob die/der Gesprächspartner:in aus einer eher individualistischen oder kollektivistischen Gesellschaftsform kommt. Letztere rückt mehr die Gemeinschaft in den Vordergrund, die persönlichen Ziele werden hintangestellt, während sich in einer individualistischen Gesellschaft die Menschen eher als unabhängig beschreiben würden, die zuallererst ihre eigenen Ziele und Bedürfnisse verfolgen.

Im Arabischen beispielsweise besteht die Möglichkeit, die Personalpronomen wegzulassen, ohne dass sich der Inhalt erheblich verändert. Das ist nicht nur wichtig zu wissen innerhalb eines Gespräches zwischen zwei oder mehreren Personen, sondern es gibt vielmehr Aufschlüsse über die Identität eines ganzen Staates.

In Vietnam kennt man kein „Ich", sondern nur das „Wir", was sicherlich große Auswirkungen auf die eigene Wahrnehmung und die Identitätsfindung hat.

In der thailändischen Sprache wiederum gibt es ausschließlich die Gegenwartsform, was ein hohes Gegenwartsbewusstsein „Lebe im Moment" mit sich bringt.

Im Russischen gibt es keine Possessivpronomen. Man sagt also nicht „Das ist meins, das ist Deins", sondern „Dies oder jenes begleitet mich für einen Zeitraum, gehört mir nur für einen Zeitraum". Auch hier drängen sich Verbindungen z. B. zum Kommunismus/Sozialismus als Gesellschaftsform auf.

Das gegenseitige Verständnis innerhalb einer Konversation setzt voraus, die eigene Identität im kulturellen und gesellschaftlichen Zusammenhang zu kennen und zu verstehen, mit dem Wissen, dass scheinbar gleiche Worte anderswo ganz anders konnotiert, interpretiert und verstanden werden kann. Auch hier ist es immens wichtig, zunächst jegliche Bewertungen rauszulassen. Ein weiterer interessanter Aspekt ist das Switchen zwischen verschiedenen Sprachen bei bilingual sozialisierten Menschen. Spricht man eine andere Sprache, insbesondere, wenn diese einem völlig anderen Kulturkreis entstammt, so ändert sich der Tonfall, die Stimmlage, die Haltung und möglicherweise treten auch unterschiedliche Persönlichkeitsanteile je nach Sprache hervor, je nachdem, welche Gesellschaftsstrukturen im jeweiligen Ursprungsland vorherrschen.

In verschiedenen asiatischen Sprachen entscheiden der Tonfall, die Tonhöhe und die Melodie über die Bedeutung des Wortes. Das Wort bleibt dabei gleich. Wenn man also die jeweilige Sprache nicht perfekt beherrscht, kann es auch allein schon darüber zu Missverständnissen kommen.

(Ich beziehe mich bei den zuletzt genannten Beispielen auf ein Gespräch innerhalb einer Session auf der Plattform „Clubhouse", die ich mit dem Master-Psychologen Leo Wittowski zum Thema „Die Psychologie der Sprache im interkulturellen Kontext" moderieren durfte. Ganz herzlichen Dank an dieser Stelle auch an meine Kollegin Vanida Karun für ihren umfassenden Input und an meine Mentorin Eva Loschky)

All dies zeigt mir einmal mehr, wie wichtig es ist, genau und aktiv zuzuhören, verstehen zu wollen und vor allem eine Atmosphäre zu schaffen, in der ich in all diesen Fällen von möglichen, rein sprachlich begründeten Missverständnissen offen und beherzt nachfragen kann und darf.

An dieser Stelle kommt mir auch der Begriff *Scham* in den Sinn, der ja im kommunikativen Bereich nicht unerheblich ist. Scham bezüglich vermeintlicher Sprachdefizite, sozialer Herkunft und einhergehendem Gefälle zwischen den Gesprächspartner:innen. Verkürzt befinde ich, dass das Schaffen einer guten, angstfreien Atmosphäre, positive Akzeptanz, Empathie und Kongruenz als Grundhaltungen und -bausteine helfen, alle möglichen Barrieren zu minimieren oder sogar zu beseitigen.

Ein weiterer Punkt, den ich in diesem Zusammenhang anführen möchte, ist der Wandel der Sprache, den ich in den letzten Jahren/Jahrzehnten (beunruhigt) beobachte.

Für mein Gefühl wird unsere Alltags-Sprache immer gewaltvoller, negativer und härter. Seien es Betitelungen beispielsweise bezüglich (weiblicher) Geschlechtsmerkmale, die *salonfähig* geworden sind, vermeintlich scherzhafte Veralberungen, die jemanden u. a. als „behindert" bezeichnen, den man beleidigen will, warum auch immer. Das bereitet mir große Sorge, ist doch Sprache Ausdruck des (Zeit-)Geistes und verändert uns unmerklich hin zu einer immer negativeren Grundstimmung. Um sich mal so richtig die Wut aus der Seele zu schreien, steigt man dann sehr tief hinab in die menschlichen und sprachlichen Abgründe. Wo führt das hin?

Dazu, dass ein guter, sozial engagierter Mensch plötzlich als *Gutmensch* bezeichnet wird und dies alles andere als anerkennend gemeint ist? Dass ein loyales, solidarisches Handeln belächelt wird, nicht ernst genommen und verspottet wird? Dass eine „eigentlich" schöne Bezeichnung zur Beleidigung wird? Ich finde das zutiefst bedrückend.

Ich wünsche mir, dass wir uns wieder mehr auf unseren (positiven) inneren Kern besinnen, kurz innehalten, bevor wir einem anderen Menschen Worte entgegenschleudern, die wir nicht mehr zurücknehmen können. Worte, die verletzen, Wut und Gewalt schüren, sich hochschaukeln und womöglich zu ebensolchen Taten führen.

4.3 Vertrauen, Solidarität, Empowerment

Während ich dieses Buch schreibe, überschlagen sich die Ereignisse auf der ganzen Welt. Pandemie, Kriege, Hunger, Klimakrise, Feministische Revolution, Spaltung, Aggression.
Der Druck steigt weltweit, politisch, gesellschaftlich, emotional, im persönlichen Umfeld und in uns selbst. Sensibilisieren wir uns und machen uns all das wirklich bewusst, sind wir schnell überfordert oder gar ohnmächtig.
Was ist passiert, dass sich junge Menschen auf die Straße kleben (*Klimaaktivist:innen Letzte Generation), Kunst, die sie höchstwahrscheinlich selbst lieben, mit Lebensmitteln und Farbe bewerfen, weil sie sich nicht gehört fühlen, ihr Anliegen nicht gesehen wird, das unser aller sein sollte?

„Die Letzte Generation

ist ein Bündnis von Aktivisten aus der Umweltschutzbewegung in Deutschland und Österreich mit dem Ziel, durch Mittel des zivilen Ungehorsams Maßnahmen der deutschen und der österreichischen Bundesregierung gegen die Klimakrise zu erzwingen.
Das Bündnis bildete sich 2021 aus Teilnehmern des Hungerstreiks der Letzten Generation. Die Anfang 2022 einsetzenden Aktionen bezeichnen die Aktivisten des Bündnisses als Aufstand der Letzten Generation. Der Begriff wurde von ihnen gewählt, weil die Überschreitung von Kippelementen im Erdklimasystem drohe und sie der letzten Generation angehörten, die noch in der Lage sei, ‚den völligen Erdzusammenbruch vielleicht noch aufzuhalten‘.
In der Öffentlichkeit sind die Aktionen der Gruppe umstritten. Aufsehen erregte die Gruppe insbesondere, weil sich die Aktivisten bei vielen Aktionen auf dem Straßenbelag festklebten, es gibt aber auch andere Protestformen." (Wikipedia)

Die Vielschichtigkeit der emotionalen Überforderung in unserer auf allen Ebenen überladenen und reizüberfluteten Gesellschaft und die daraus resultierende Ohnmacht darüber, nicht gehört, nicht gesehen zu werden, schaffen ein blockierendes Klima, in dem wertschätzende Kommunikation nicht mehr möglich scheint.

Während im Iran und anderswo auf der Welt Frauen versuchen, sich ihrer Ketten zu entledigen und lieber den Tod riskieren, als ihre Freiheit zu opfern, werden hier im privilegierten Deutschland Schreie lauter über vermeintliche Verschwörungen und diktatorisches Verhalten unserer Regierung. Lautstark auf der Straße, beschützt durch unsere staatlichen Ordnungshüter.

Ist es nicht vielmehr unser aller Pflicht, uns mit denen zu solidarisieren, die ihre Stimmen nicht erheben können oder dürfen? Der Freiheit und der Gemeinschaft unsere Stimmen zu geben? Gemeinsam! Über die eigene Blase hinauszublicken? Als Menschheit, als Lebewesen im Einklang? Eben weil wir es können! Ohne Angst. (Möge dies immer so bleiben.)

Was brauchen wir, um uns sicher, ausgeglichen und stark zu fühlen? Stark genug, um unsere Stimmen in Wertschätzung und Mitgefühl für uns selbst und für andere zu erheben?

Ich denke, wir brauchen einen sicheren, angstfreien Raum, ein Umfeld, in dem wir uns gehört und gesehen fühlen, Vertrauen, Solidarität und Empowerment.

Schauen wir uns diese drei zuletzt Genannten im Folgenden etwas genauer an.

4.3.1 Vertrauen

Vertrauen ist die Voraussetzung für Solidarität.
Solidarität ist das Fundament für Empowerment.
Empowerment führt zu gemeinsamen Wegen, zum Erreichen von Zielen.
Gemeinsam erlebte Ziele und Erfolge bringen Zufriedenheit und Balance.

Für sich und andere.

Der Duden erklärt *Vertrauen* so:

*„Das feste Überzeugtsein von der Verlässlichkeit,
Zuverlässigkeit einer Person, Sache."*

*„Die Vertrauens- und Misstrauensforschung gewinnt im Lichte
der Diskurse um Transformationsprozesse in einer (zumindest
vielfach subjektiv erlebten) immer komplexer werdenden Welt
deutlich an Aufmerksamkeit, wird doch Vertrauen inzwischen
unstrittig als eine ganz zentrale Ressource im Kontext der Be-
wältigung vielschichtiger resp. bedrohlicher gesellschaftlicher
Szenarien betrachtet."*
(Martin K. W. Schweer 43)

*„Vertrauen kann in Anlehnung an Luhmann (1973: 23 ff.) als
Mechanismus zur Reduktion von Komplexität, als riskante
Vorleistung bestimmt werden. Während sich Vertrauen im
interpersonalen Bereich beim Kleinkind als „Urvertrauen" bildet und in der Erwachsenenwelt als „persönliches Vertrau-
en" eine Grundlage aller sozialer Beziehungen bildet, wird
Vertrauen in der Informations- und Kommunikationsgesell-
schaft vor allem als ‚öffentliches Vertrauen' wichtig. ‚Öffentliches Vertrauen' kann definiert werden als ein kommunikativer Mechanismus zur Reduktion von Komplexität, in dem
öffentliche Personen, Institutionen und das gesamte gesell-
schaftliche System in der Rolle des Vertrauensobjekts fungie-
ren. Öffentliches Vertrauen konstituiert und verändert sich
innerhalb eines medienvermittelten Prozesses, in dem die
Vertrauenssubjekte zukunftsgerichtete Erwartungen haben,
die gleichzeitig von vergangenen Erfahrungen geprägt sind."*
(vgl. Günter Bentele 44)

Ich denke, dass eine wertschätzende Kommunikation auf Augenhöhe nur in einer vertrauensvollen Atmosphäre möglich ist. Ein Vertrauen, durch das in diesem Moment gefühlte Emotionen geäußert werden können, nicht hinterfragt und ernst genommen werden. Einfach sein zu dürfen. Ein Umfeld, in dem wir so sein dürfen, wie wir sind und die/den andere/n so sein lassen, wie er/sie ist. (vgl. positive Akzeptanz, Carl Rogers) Dies gilt in privaten (Liebes-)Beziehungen genauso wie für berufliche Kontakte. Sich nicht verstellen zu müssen, authentisch für sich eintreten zu können, angstfrei die Stimme zu erheben für sich und andere.

So entsteht eine gemeinsame Basis als Grundlage für ein Zusammengehörigkeitsgefühl, für Solidarität.

4.3.2 Solidarität

Vertrauen ist die Voraussetzung für Solidarität.
Solidarität ist das Fundament für Empowerment.
Empowerment führt zu gemeinsamen Wegen, zum Erreichen von Zielen.
Gemeinsam erlebte Ziele und Erfolge bringen Zufriedenheit und Balance.
Für sich und andere.

Wenn wir in die Philosophie oder Psychologie blicken, dann lesen wir sehr oft, dass in der Krise zum einen eine Chance liegt und dass sie zum anderen dazu führt, Gesellschaften enger zusammenrücken zu lassen – und damit auch Solidarität zu zeigen. Doch was ist eigentlich Solidarität?
Solidarität *(vom* <u>lateinisch</u>en solidus „gediegen, echt, fest")
Für mich persönlich geht es bei Solidarität immer auch um Empathie, um Mitgefühl. Sie impliziert Barmherzigkeit, Sinn für das Gemeinwohl, und vor allem passiert Solidarität auf Augenhöhe. Ein Geben und Nehmen (wider die Einsamkeit).

Solidarität

Hier sagt der *Duden*:
„A) Das unbedingte Zusammenhalten mit jemandem aufgrund gleicher Anschauungen und Ziele.
B) Auf das Zusammengehörigkeitsgefühl und das Eintreten füreinander sich gründende Unterstützung."

Solidarität macht stark, hilft gegen Einsamkeit und macht vieles möglich, was wir als Einzelne alleine nicht bewältigen können. Im großen weltpolitischen Geschehen genauso wie im kleinen bspw. familiären Kontext. Sprechen wir also von Gleichberechtigung auf unterschiedlichen Ebenen, ist einer der ersten Schritte solidarisches Verhalten.

„Wir alle – Männer genauso wie Frauen (und auch bezügl.
verschiedener Hierarchien, unterschiedlicher Ethnien,
Ideologien, Religionen, Weltanschauungen) –
müssen einsehen, dass unsere Überzeugungen
durch Klischees und einseitige
Betrachtungsweisen verzerrt werden
und der Status quo auf diese Weise zementiert wird.
Anstatt unsere Unterschiede zu ignorieren,
müssen wir sie akzeptieren und überwinden."
*(Sheryl Sandberg **45**)*

Ohne Verbündete fühlen wir uns allein und unsicher, sind längst nicht so kraftvoll.
Insbesondere wir Frauen sind von Kindesbeinen an auf Konkurrenz getrimmt, fühlen uns auf eine Art im Mangel, weil bereits in den Kindergeschichten vermittelt wird, dass es anscheinend nicht genug Platz für alle weiblichen Wesen gibt, zumindest nicht für die, die gesehen und gehört werden.
Sind doch beispielsweise 9 von 10 Figuren in Tiergeschichten männlich.

„Denn in unserer Gesellschaft ist es immer noch so, dass die meisten Bereiche von Männern dominiert werden. Egal, welche Gruppenkonstellationen man sich anschaut, es gibt fast immer eine patriarchale Gruppendynamik. In fast jeder Berufsbranche, wenn man mal von sozialen Berufen und der Pornoindustrie absieht, sind Frauen unterrepräsentiert und unterbezahlt. Und in extrem vielen Bereichen, in denen man eine Gruppe von Menschen zusammenfasst, kommt oft nur eine einzige Frau vor. So als würde es reichen, eine von uns zu Wort kommen zu lassen, weil ja gefühlt sowieso alle gleich sind. Ob in Talkshows, in Märchen oder Kinderbüchern, Filmen, Serien, im Karneval oder im christlichen Glauben. Überall gibt es nur eine Frau. Die eine coole Frau im Freundeskreis mit sonst nur Jungs, das Funkenmariechen im Karneval, die eine Frau in der Comedyshow, die Schlumpfine im Schlumpfdorf, die Maria im Krippenspiel, die Leia bei ‚Star Wars‘, die Gaby bei ‚TKKG‘. Der eine kleine pinke Fleck. Es reicht eine Frau aus, um alle Frauen zu repräsentieren. Die eine, die Schönste, die Beste, die Auserwählte. So erhält man ein Bild, als gäbe es nur begrenzten Platz für Frauen. Als wäre der Korridor zur Entfaltung für Frauen ganz eng. Wenn eine Frau vorkommt, dann aber bitte eine, die alles an weiblichen Attributen vereint. Schließlich muss in diese eine kleine Lücke alles passen, was uns als Frauen repräsentiert. Männern wird in diesem Zusammenhang immer größere Vielfalt und dementsprechend viel mehr Fehlertoleranz zugestanden, Frauen hingegen haben nur ganz wenig Platz. Mit dieser Prägung entlässt man uns ins Leben – und wirft uns dann aber vor, wir wären stutenbissig und man könne nicht gut mit reinen Frauenteams arbeiten, denn da gäbe es ja immer diese Rivalität untereinander. Es wird oft so getan, als wären Frauen nun mal von Natur aus alles Zicken, die sich untereinander nix gönnen. So als wäre es eine weibliche Charakterschwäche."
*(Carolin Kebekus **46**)*

Umso interessanter wird es, wenn gerade wir Frauen uns zusammentun, um zu bestimmten Themen gehört zu werden. Das trifft dann durchaus mal auf Erstaunen, bspw. beim gemeinsamen Auftreten bezüglich eines Anliegens auf der Chefetage, da leider immer noch nicht selbstverständlich und erwartbar ist, dass wir uns solidarisieren. Dieser Moment der Verwirrung kann dann durchaus zielführend sein im Hinblick auf das Erreichen unserer Wünsche. Das oberste Ziel jedoch sollte sein, dass dies eine originäre Selbstverständlichkeit wird, die uns immer wieder *empowert,* wenn wir uns gerade mal allein, schwach und hilflos fühlen.

4.3.3 Empowerment

Vertrauen ist die Voraussetzung für Solidarität.
Solidarität ist das Fundament für Empowerment.
Empowerment führt zu gemeinsamen Wegen, zum Erreichen von Zielen.
Gemeinsam erlebte Ziele und Erfolge bringen Zufriedenheit und Balance.
Für sich und andere.
Der Begriff *Empowerment* kommt aus dem Englischen und bedeutet auf Deutsch so viel wie „Ermächtigung", „Selbstbefähigung" oder „Stärkung von Eigenmacht und Autonomie". Sinn und Zweck ist es, Menschen mehr Selbstbestimmungsrecht, Autonomie und Handlungsspielraum zu geben.

„Mit Empowerment

(zu <u>Englisch</u> empowerment ,Ermächtigung, Übertragung von Verantwortung') bezeichnet man Strategien und Maßnahmen, die den Grad an <u>Autonomie</u> und <u>Selbstbestimmung</u> im Leben von Menschen oder Gemeinschaften erhöhen sollen und es ihnen ermöglichen, ihre Interessen

(wieder) eigenmächtig, <u>selbstverantwortlich</u> und selbstbe-
stimmt zu vertreten (‚Hilfe zur Selbsthilfe‘). Empowerment
bezeichnet dabei sowohl den Prozess der Selbstbemächti-
gung (<u>Emanzipation</u>) als auch die professionelle Unterstüt-
zung der Menschen, ihr <u>Gefühl der Macht- und Einflusslo-
sigkeit</u> (powerlessness, ‚gesellschaftspolitische Ohnmacht‘)
zu überwinden und ihre Gestaltungsspielräume und Res-
sourcen wahrzunehmen und zu nutzen. Voraussetzungen
für Empowerment innerhalb einer Organisation sind eine
Vertrauenskultur und die Bereitschaft zur Delegation von
Verantwortung auf allen Hierarchieebenen, eine entspre-
chende Qualifizierung und passende Kommunikations-
systeme. (...)
Der Begriff Empowerment wird auch für einen erreichten
Zustand von Selbstverantwortung und Selbstbestimmung
verwendet; in diesem Sinn wird im Deutschen Empower-
ment gelegentlich auch als <u>Selbstkompetenz</u> bezeichnet. (...)
Empowerment als Konzept, das sich durch eine Abwendung
von einer defizitorientierten hin zu einer stärkenorientierten
Wahrnehmung auszeichnet, findet sich zunehmend auch in
Managementkonzepten, in der <u>Erwachsenen- und Weiter-
bildung</u>, in der narrativen <u>Biografiearbeit</u>, der <u>Selbsthilfe</u> (...)
und der Gesundheitsförderung."
(Wikipedia)

Empowerment ist ein gemeinschaftliches Ergebnis von Menschen, die sich zusammenfinden, um das Vertrauen in die eigenen Kräfte zu stärken. Machtlosigkeit, Resignation und Hoff-
nungslosigkeit sollen überwunden werden. Das Leben wird
(wieder) in die eigene Hand genommen. Diese Fähigkeit wird
nicht einfach vermittelt, sondern gemeinschaftlich erlebt und
erarbeitet. Empowerment macht Mut, auf seine eigenen Ressourcen zu vertrauen.
In den letzten Jahren beschäftige ich mich zunehmend mit Female Empowerment und mit der Entwicklung eines starken
(weiblichen) Selbst. Das bietet sicher genug Stoff für ein wei-

teres Buch. Der Begriff Empowerment steht ebenso für einen erreichten Zustand von Selbstverantwortung und Selbstbestimmung. So kann Empowerment auch eine Selbstkompetenz sein. (Nicht nur) in meinen Trainings für Stimme und Kommunikation sind dies mit die wichtigsten Themen. In der eigenen Kraft und Persönlichkeit zu wachsen bildet auch hier eine wichtige Grundlage und -haltung. Mut zu entwickeln, die Welt zu hinterfragen, sich ab und an trauen, ‚schwierig‘ zu sein #difficultladies und somit zu sich zu stehen, der eigenen inneren Stimme zu vertrauen und mit sich verbunden zu sein, um sich immer wieder neu zu erfinden und zu wachsen. Das sind mal kleine, kaum merkliche Schritte und manchmal große persönliche Gipfelerstürmungen."

Difficult Women

ist ein Begriff, der schon lange in der Frauenbewegung existiert. Ich empfehle hierzu die Bücher *„Difficult Women: A History of Feminism in 11 Fights"* von Helen Lewis und *„Difficult Women"* von Roxane Gay. Ich könnte dazu nun viel schreiben. Was z. B. mich zur „difficult lady" gemacht hat. Auch das wäre ein weiteres Buch. Deshalb belasse ich es hier bei der Erwähnung, dass man eben als Frau schnell mal als „schwierig" bezeichnet wird, wenn man gerne hinterfragt, Dingen auf den Grund geht und nicht gewissen Stereotypen und Rollenbildern entsprechen möchte.

Difficult Women ist ein Begriff, der oft verwendet wird, um Frauen zu beschreiben, die von den traditionellen gesellschaftlichen Erwartungen an Frauen abweichen. Es bezieht sich auf Frauen, die sich selbstbewusst, unabhängig, selbstbestimmt und oft anspruchsvoll in Bezug auf ihre Bedürfnisse, Wünsche und Ziele zeigen.

Der Begriff *Difficult Women* kann positiv oder negativ konnotiert sein, je nach Kontext und Perspektive. In einigen Fällen wird er verwendet, um Frauen zu loben, die sich nicht den gesellschaftlichen Normen beugen und für ihre Rechte und Freiheiten einstehen. In anderen Fällen kann er abwertend sein und Frauen als „schwierig" oder „anstrengend" bezeichnen, weil sie nicht den Erwartungen entsprechen, die (traditionell) an Frauen gestellt werden.

Es ist wichtig anzumerken, dass der Begriff *Difficult Women* oft in einem kulturellen und gesellschaftlichen Kontext verwendet wird und dass seine Bedeutung und Interpretation je nach den sozialen Normen und Werten variieren kann, die in einer bestimmten Gemeinschaft oder Kultur vorherrschen.

Weitere Buchtipps: „We Should All Be Feminists" von Chimamanda Ngozi Adichie und auch wie bereits an anderer Stelle zitiert „Lean in" von Sheryl Sandberg.

So haben wir auch hier wieder das Thema der vielen persönlichen Facetten und Farben unseres Selbst, manche davon sehr präsent und vertraut und manche, die gerne aus den tief liegenden Schichten herausgeholt und erforscht werden möchten, bevor sie ganz verstauben oder gar von außen kleingemacht werden.

Empowernde Difficult-Women-Momente

Lassen wir uns empowern, vertrauensvoll und solidarisch,
so können wir uns mutig entfalten,
gemeinsam für eine bessere Welt.

Echt!Hauf-Playlist-Titel
Titel **30** *Use My Voice – Evanescence*
Titel **31** *Unstoppable – Sia*

4.4 Wertschätzende Beziehung mit mir und anderen

„Whatever relationships you have attracted in your life at this moment, are precisely the ones you need in your life at this moment. There is a hidden meaning behind all events, and this hidden meaning is serving your own evolution."
Deepak Chopra

„Welche Beziehungen auch immer Sie in diesem Moment in Ihrem Leben angezogen haben, es sind genau die, die Sie in diesem Moment in Ihrem Leben brauchen. Hinter allen Ereignissen steckt eine verborgene Bedeutung, und diese verborgene Bedeutung dient Ihrer eigenen Evolution."
Deepak Chopra

Neben allen Tools und Grundhaltungen, die wir hier nun schon erörtert haben, ist ein wichtiger Aspekt in der Kommunikation das (richtige) Fragen, um dem Gegenüber wirkliches Interesse und ein Gefühl des „Gesehenwerdens" zu vermitteln. Dabei kommt es darauf an, die Fragen so zu formulieren, dass sie Gedankengänge in Bewegung setzen und der Fantasie freien Lauf lassen.

*„So, es ist Zeit für **die eine mächtige Frage**. Sie funktioniert erstaunlich gut in Beziehungen. Frage NICHT ,Wie war dein Tag?', z. B. nach dem Tag auf der Arbeit – du wirst nur ein ,gut/okay/Achselzucken' bekommen. Stelle stattdessen die Frage: ,**Was war das Beste, das heute passiert ist?'** Wenn du jemandem eine solche Frage stellst, sucht sein Gehirn sofort nach den Höhepunkten des Tages. Der Busfahrer, der dir freundlich zuzwinkert, ein schöner Himmel beim Morgenspaziergang, das Aufwachen neben der Liebe deines Lebens (...)"*
*(Bart von Vertellis **47**)*

Es geht also darum, nicht allgemeine, zu umfassende Fragen zu stellen, sondern präziser und personzentriert auf den jeweiligen Menschen in diesem Moment einzugehen bzw. ihm oder ihr die Tür für die eigene Innenschau zu öffnen und eine Brücke zum Selbst und dem ganz persönlichen Erleben zu öffnen. Und dies eröffnet für uns selbst dann auch eben diese Möglichkeit. Wir können diese Brücke von beiden Seiten betreten und uns in der Mitte treffen. Durch wertschätzendes, unvoreingenommenes aktives Zuhören und Gehört-Werden. (vgl. auch hier die 3 Grundhaltungen von Carl R. Rogers)

U. a. aufgrund der gesellschaftspolitischen Lage und damit einhergehender Existenzängste müssen wir vielfach mit „Störern" und Druck von außen umgehen. Allzu oft verfallen wir in diesen Momenten in vorschnelle Bewertungen und in eine Art Druckübernahme. Daher sollten wir uns die Zeit nehmen, um uns folgende Fragen zu stellen:

* Wie gehe ich mit mir selbst um?
* Was würde mir jetzt guttun?
* Wie kann ich aktiv meine selbstoptimierenden Räume finden und die der anderen?
* Was brauche ich gerade wirklich?

Das Antriebsprinzip ist eine wechselseitige bedingungslose Akzeptanz/Wertschätzung: Ich möchte angenommen werden (und annehmen), ohne dass dies an Bedingungen geknüpft ist. Ich gehe davon aus, dass jedem Wesen eine Aktualisierungs-, eine Wachstumstendenz innewohnt (vgl. Carl R. Rogers) und dass alles Leben sich erhalten und entfalten will. Kann es dies nicht, kommt es zur Inkongruenz, die verunsichert, verängstigt und sich in verschiedenen Gefühlsäußerungen entladen kann. Letzten Endes geht es doch auch hier um *Stimm*igkeit für mich und mein Gegenüber. Es geht um einen positiven Raum, eine Wohlfühl-Atmosphäre, eben um einen Raum des Zuhörens und Gehört-Werdens, es geht um das eigene Bewusstsein, das Verständnis und die Akzeptanz.

Eine nachhaltige Förderung der Persönlichkeitsentwicklung entsteht durch (Selbst-)Wahrnehmung, -Bewusstsein, -Offenheit, -Wirksamkeit, -Fürsorge, -Sicherheit und -Verantwortung. Entscheidend ist der **Prozess** des Wachstums, auch wenn die Ziele in der Ferne liegen.

> *„So bauen **Beziehungen** auf **gegenseitigem***
> *Lehren und Lernen auf.*
> *Im Optimalfall wechseln die Rollen, und die Partner:innen*
> *fühlen sich in beiden Rollen wohl und angenommen."*
> *(Alain de Botton **48**)*

Selbstoptimierung ist in den 2020er Jahren zu einem DER Ziele einer gewissen, sicherlich zumeist intellektuellen und privilegierten Menschengruppe geworden, die jedoch maßgeblich an Meinungsbildung (bspw. durch alle verfügbaren Medien) und dem Zustandekommen gesellschaftlicher Standards und angestrebter (Erfolgs-)Ziele, die sich auf alle gesellschaftlichen Schichten ausweiten, beteiligt sind.

Ich zähle mich dazu.

Selbstoptimierung ist ja erst mal nichts Schlechtes, und auch ich möchte immer weiter wachsen und mich selbst aktualisieren, neu erfinden. Das fordert mich auf eine gute Weise, lässt mich ins (kreative) Arbeiten kommen und treibt mich an. Gerade Letzteres ist die Komponente, die gut dosiert werden will. Sonst geht es nämlich schnell ins *getrieben sein*. Und das kann einem durchaus zum Verhängnis werden, *übertreibt* man es. Glaub mir, ich habe es erfunden. Leider.

Dann geht's schon mal ins Gerenne, als würde man verfolgt. Das funktioniert eine ganze Weile gut und bringt einen auch sicher an einige Ziele, die man sich gesetzt hat. Gerade an diesem Punkt finde ich es so wichtig, dass ich immer mal kurz innehalte, meine erreichten Ziele, seien sie auch noch so „klein", genieße und mich frage, ob es noch gut ist zu rennen und wann es an der Zeit ist, die Reißleine zu ziehen, mir Ruhe und Wohlfühlorte zu suchen und/oder zu kreieren und an diesen auch (real) zu verweilen, mal mehr, mal weniger. Auf meine innere Stimme zu hören.

Ich habe für mich eine kleine, ganz zauberhafte und für mich genau passende Wohnung in Bansin gefunden.

Meine Insel Usedom.

Für mich ist sie inzwischen mein ganz persönlicher magischer Wohlfühlort, meine wohlende Phiole. Ein Zurückkehren, immer wiederkommen. Ankommen.

Selbstoptimierung sollte nicht beinhalten, nur (vermeintlich) positiven Zielen hinterherzujagen, sondern sollte auch Platz und Raum für negative Gefühle, Krankheit und Dunkelheit beinhalten. Verdränge ich stets meinen inneren Kern, der zwischenzeitlich mal leidet, meine innere Stimme, die schreit, sei es aufgrund von Verlust, Überforderung oder mangelnder (Selbst-)Liebe – so komme ich in die Dysbalance, mental und körperlich, werde krank. Also darf oder eher sollte diese Seite des Lebens auch Raum bekommen, eine Daseinsberechtigung und darf die Zeit einnehmen, die sie braucht. Denn gerade aus diesen Phasen schöpfen wir Wachstum, Stärke, Vertrauen und Liebe zu uns selbst und anderen.

„Du noir naît la lumière." („Aus dem Schwarz/der Dunkelheit ist Licht geboren" oder „Aus der Dunkelheit kommt Licht".)

Yin und Yang.

Balance.

DAS ist Selbstoptimierung.

Es ist eine Waage, die immer in Schwingung ist. Doc Felix nennt es in seinem Buch „Feel good" eine *Wippe*, die mal zur einen, mal zur anderen Seite schwingt. Schaffen wir es nicht ab und an, diese wieder in die Balance zu bringen, zumindest, um immer wieder auf- und abzusteigen, dann sind wir permanent in einer negativen Schieflage, unter Spannung, überfordert, gestresst und brennen schlussendlich aus.

„Stell dir Stress und Entspannung wie eine Wippe vor.
Auf der Stressseite sind deine Ansprüche
an dein Leben und dich selber.
Auf der Entspannungsseite sind alle Dinge, zu denen du Nein
sagst, die du NICHT machen musst. Jetzt ist es total normal,
dass die Wippe sich mal hebt und mal senkt. Durch diese
Abwechslung macht das Wippen doch erst richtig Spaß!
Hauptsache, sie bleibt nicht auf einer Seite liegen."
*(Felix M. Berndt **49**)*

Burn-out, auch ein Begriff der „Neuzeit".
Hier die Definition und ein bisschen Statistik dazu.

„Überfordernde Lebensumstände können eine starke Be-
lastung sein. Wenn sie zu Erschöpfung, Entfremdung und
verringerter Leistungsfähigkeit führen, wird das häufig als
Burn-out bezeichnet. Dies ist eine Reaktion auf stetige Über-
lastungen im privaten oder beruflichen Bereich."
*(https://gesund.bund.de **50**)*

*„**Krankheitslast durch psychische Diagnosen steigt***
Der Anstieg der Krankenstandskennziffern aufgrund
von psychischen Erkrankungen ist eine der auffälligsten
Entwicklungen der letzten Jahre. Im vergangenen Jahrzehnt
hat sich das Arbeitsunfähigkeitsvolumen aufgrund
psychischer Diagnosen um knapp 70 Prozent erhöht. Im Jahr
2018 war die Zahl der Fehltage erstmals seit 2006 rückläufig.
Mit 236 Fehltagen bezogen auf 100 Versichertenjahre waren
es 5,6 Prozent weniger als im Vorjahr. Die Fallhäufigkeit war
dabei mit durchschnittlich 7 Fällen je 100 Versichertenjahre
konstant. Insgesamt sind psychische Erkrankungen mit
derzeit 15,2 Prozent aller AU-Tage die drittwichtigste
Ursache für Arbeitsunfähigkeit in der Bundesrepublik."
*(https://de.statista.com **51**)*

So komme ich an dieser Stelle noch auf den Begriff *Selbstregulation*. Obwohl er sicherlich auch ein Modebegriff ist, halte ich ihn für enorm wichtig. Es geht hier ebenfalls ums Lernen und Wachsen über die Wiederholung. Wir lernen und wachsen nun mal am besten über Erfolgserlebnisse, wenn etwas „gut ausgeht", und das vorzugsweise wiederholt. Und so ist es auch mit den Schattenseiten, unseren Geistern, die wir Tag für Tag mit uns herumschleppen und mal mehr, mal weniger regulieren müssen, um unseren Alltag bewältigen zu können.

Nehmen wir beispielhaft eine Panikattacke.

Die erste ist der blanke Horror, man denkt, man stirbt. Das Herz rast, kalter Schweiß tritt auf Stirn und Hände und noch so vieles mehr. Das ist mit Sicherheit das „letzte Stündlein, das gerade schlägt", ist das Gefühl. Nun will ich nicht sagen, dass die irgendwann gar nichts mehr mit einem machen. Aber irgendwann werden sie dann doch zumindest handhabbar, wenn man sie lässt, sie annimmt und (optimalerweise mit professioneller Unterstützung und bestimmten Tools) lernt, mit ihnen umzugehen, sie selbst zu regulieren.

Da rennt man – insbesondere frau – von Fortbildung zu Seminar, von Yoga Retreat zu Achtsamkeitskurs. Um dann doch wieder festzustellen, es ist oft die wirklich freie Zeit, die wunderbaren kleinen, ungeplanten Begegnungen, die uns wachsen lassen und uns glücklich machen. Will sagen, die Fähigkeit zu erlernen, zu erspüren, wann es Zeit für Rückzug, für Innenschau und durchaus auch fürs Prokrastinieren ist. Sich selbst genug sein, ohne sich immer wieder zu fordern. (Nichts gegen Yoga Retreats usw., ich liebe sie!)

Gerade geht's mir aber um das *einfach mal „nix" machen*. Nicht auf die Uhr schauen, sich treiben lassen, sich die Erlaubnis geben, einfach so zu sein, wie man gerade ist. Das „Schlimmste", was wir dann ja häufig machen, ist, uns selbst zu verurteilen, ein schlechtes Gewissen zu haben. Dann war das ganze **Prokrastinieren** am Ende für die Katz und hat nichts gebracht außer einem miesen Gefühl uns selbst gegenüber.

Prokrastinieren:

„Der Begriff stammt vom lateinischen ‚procrastinare‘, was ‚Aufschieben‘, ‚auf Morgen verlegen‘ bedeutet. Er meint: Anstehende berufliche oder private Pflichten werden durch Ersatztätigkeiten hinausgezögert. So wird etwa lieber die Wohnung geputzt, als sich an die unangenehme Steuererklärung zu setzen."
(vgl.: https://www.aok.de/pk/magazin/52)

Eben dieses *Nichtstun* bzw. *Sich-Ablenken* ist das, was eine echte Erlaubnis braucht und dann einfach guttut. Man darf das gerne zeitlich beschränken, die Zeit jedoch, die ich mir explizit dafür geschenkt habe, tut gut, erfrischt und bringt im besten Falle neuen Tatendrang.
Auch das ist *Selbstregulation.*
Traurig genug, dass es all diese Seminare und Bücher braucht, um in die echte, wertschätzende Kommunikation zu kommen, mit sich selbst in die Innenschau, im Business ins agile Management, im sozialen Gemeinwesen zur Solidarität.
All das sollte m. E. selbstverständlich sein.
Und ein letzter Gedanke dazu: Wir unterliegen tagtäglich einer (selbst gemachten) Reizüberflutung, die zum Teil ja auch bereits künstlich generiert ist. Wir meinen auf alles oder zumindest auf so viel wie irgend möglich reagieren zu müssen, fragen uns, was ist echt, was ist ein künstliches Konstrukt. Heißt, wir sind die meiste Zeit des Tages im *Außen,* verlieren den Kontakt zu unserem inneren Kern, unserer inneren Stimme, verpassen den Moment, uns selbst zu regulieren, uns in Balance und Einklang zu bringen.
Vertrauen, Solidarität, Empowerment, Liebe.
Das ist meine Vision. *Frau, Leben, Freiheit.*
Auch das ist meine Vision.
Dazu gehört zuallererst *Selbstliebe* oder vielleicht lieber erst mal mit *Selbstfreundschaft* anzufangen, das hat nicht gleich so einen großen Anspruch, und wir geraten nicht direkt wieder unter Erfolgsdruck.

Momente der Liebe und Selbstfreundschaft

Musiktipp, Echt!Hauf-Playlist
Titel 32 Love Can Heal – Peter Gabriel
(natürlich auch aus der Vollmond-Reihe I/O)

Ist es am Ende doch immer wieder die Freundschaft und
Liebe zu uns selbst und zu anderen, die uns trägt, uns
Flügel wachsen lässt, uns in unseren zwischenmenschlichen
Beziehungen verankert
und uns auf allen Ebenen erfüllt.

„All the warmth inside of you,
comes from those you love."
(„All die Wärme in Dir kommt von jenen, die Du liebst.")
(Peter Gabriel in So Much, I/O, 2023)

Für eine wertschätzende, ziel- und bedürfnisorientierte Kommunikation ist es immens wichtig, sich vor und während jedes Gespräches einfühlend klarzumachen, welcher Kommunikationstyp Du bist und welcher Dein Gegenüber ist und vor allem in welcher momentanen Situation, auf welcher Ebene Ihr Euch gerade befindet. Möglicherweise gibt es bereits Erfahrungen aus der Vergangenheit, die sich als hilfreich erweisen, aber nicht zur Voreingenommenheit führen sollten, die die aktuelle Begegnung evtl. schon per se überschattet.

4.5 Kommunikationstypen

Für mich ist menschliche Kommunikation ein Austausch von Informationen, Ideen und Gefühlen zwischen Individuen oder Gruppen durch verbale oder nonverbale Mittel. Das Ziel ist Kontakt und Beziehung und damit auch verbunden eine Steigerung des Selbstwerts, wenn ich davon ausgehe, dass unsere

Grundbedürfnisse neben existenziellen auch *soziale Bindung, Selbstverwirklichung und Anerkennung* beinhalten.

Gerne möchte ich ein paar der gängigen Kommunikationsmodelle kurz vorstellen, mit deren Beschäftigung absolut lohnenswert ist, und lasse dies die Autor:innen selbst skizzieren:

Das Status-Modell

„Wo und wann auch immer zwei Menschen sich begegnen, sie stehen einander entweder auf Augenhöhe gegenüber oder aber nehmen einen unterschiedlichen Status ein – was natürlich ihre Kommunikations- und Durchsetzungsfähigkeit beeinflusst. Status ist ein Phänomen, das stets neu verhandelt werden muss. Sobald Menschen aufeinandertreffen, beginnt unausweichlich die Rangelei um die beste Position. Anhand zahlreicher Beispiele wird verdeutlicht, welche Rolle Status-Spiele im menschlichen Alltag, im Berufsleben und in der Liebe spielen und wie man sie bewusst einsetzen kann, um seine eigenen Ziele zu erreichen.“
(Tom Schmitt, Michael Esser 53)

Virginia Satir 54 beschreibt in ihrem Modell **4 Kommunikationsmuster**:

1. Beschwichtigen

„Worte: zustimmend. (‚Was du auch immer willst, es ist in Ordnung. Ich existiere nur, um dich glücklich zu machen.‘) Körper: stimmt versöhnlich. (‚Ich bin hilflos.‘) Gedanken und Gefühle: (‚Ich komme mir wie ein Nichts vor; ohne ihn bin ich tot. Ich bin nichts wert.‘) Der Versöhnliche spricht immer in einer einschmeichelnden Art und Weise; er versucht zu gefallen; er entschuldigt sich und stimmt nie gegen etwas,

egal was kommt. Er ist ein Ja-Sager. Er spricht, als könnte er nichts für sich selbst tun. Er muss immer jemanden finden, der ihn anerkennt."

2. Anklagen

„Worte: nicht zustimmend. (‚Du machst nie etwas richtig. Was ist los mit dir?') Körper: anklagend, fordernd. (‚Ich bin der Chef hier.') Gedanken und Gefühle: (‚Ich bin einsam und erfolglos.') Der Anklagende ist ein ‚Fehler-Sucher', ein Diktator, ein Boss. Er handelt überheblich, und er scheint zu sagen: ‚Wenn du nicht da wärst, wäre alles in Ordnung.' Innerlich fühlen sich die Muskeln und Organe angespannt an. Der Blutdruck steigt an. Die Stimme ist hart, fest, oft schrill und laut."

3. Rationalisieren

„Worte: überaus vernünftig. (‚Wenn man sorgfältig beobachtete, könnte man die abgearbeiteten Hände eines hier Anwesenden bemerken.') Körper: unbewegt, gespannt. (‚Ich bin ruhig, kühl und gesammelt.')
Gedanken und Gefühle: (‚Ich fühle mich leicht ausgeliefert.')

4. Ablenken

‚Worte: ohne Beziehung, belanglos, die Wörter ergeben keinen Sinn. Körper: eckig und in verschiedene Richtungen weisend. Gedanken und Gefühle: (‚Niemand macht sich etwas aus mir. Ich gehöre nirgendwohin.')"

Wir erinnern uns auch an das bereits zuvor erwähnte *Vier-Schnäbel-vier-Ohren-Modell* von Friedemann Schulz von Thun. **42**

Aufgrund meiner beruflichen und persönlichen Erfahrungen erschließen sich mir persönlich vorrangig wahrnehmbar die folgenden **6 Sprechtypen**, von denen ich denke, dass wir sie wahrscheinlich alle anteilig in uns tragen, und die – je nach persönlichem Lebensweg, aktueller Situation und in Bezug auf unser jeweiliges Gegenüber (vgl. 4.2. Sprachstandards, Rollenbilder und Stereotype) – in der einen oder der anderen Gewichtung zutage treten:

1. *Die Schnellen,* meist sehr beziehungsorientierten, die sich recht direkt einlassen und offenbaren, sich durchaus auch mal im gestreckten Galopp vergaloppieren und im besten Fall wieder zurückfinden. Manchmal werden sie als laut und (über-)präsent empfunden, wirken häufig dadurch stark und selbstbewusst. Sie sind auf ihre Art wiederum abhängig davon, dass ihr Gegenüber ihnen ruhig und geduldig die empathische Aufmerksamkeit schenkt, nach der sie sich sehnen. Im tiefsten Innern wünschen sie sich, dass der/die andere sich selbst ebenso offenbart und vor allem echt und kongruent ist.

2. Die Verhaltenen beobachten und sind eher passive Genießende. Meist sind sie gute Zuhörer:innen, so gut, dass sie wenig und selten etwas von sich preisgeben. Sie unterhalten sich durchaus gerne, sind interessiert an vielen Dingen, über die sie sich gerne austauschen, vermeiden aber, sich selbst direkt und unmittelbar zu offenbaren. Ihr Inneres machen sie lieber mit sich selbst aus. Das gilt auch für die Auseinandersetzung mit der Beziehung zu ihrem Gegenüber. Sie wünschen sich Akzeptanz für ihre Zurückhaltung und ihr eigenes Tempo.

3. Die sich selbst genügenden Redner:innen, die gerne monologisieren, verfügen über ein großes (Fach-)Wissen, das sie ungeachtet, ob es gerade die richtige Zeit und Situation dafür ist, ausführlich preisgeben. Sie fühlen sich missachtet und irritiert, wenn man ihnen ins Wort fällt, ungeachtet der Tatsache, dass ihr Gegenüber ihnen damit vielleicht eher Wertschätzung und Verstehen-Wollen entgegenbringen möchte als einfach nur plump unterbrechen zu wollen. Sie wünschen sich eine gewisse Bewunderung ihres Intellekts und steigern so ihren Selbstwert.

4. Die Macher:innen, die lieber zur Tat schreiten als sich in Gesprächen und Diskussionen zu verlieren. Sie verfügen meist über einen großen Weitblick und sind sehr vorausschauend. Diese Qualität stellen sie über den empathischen Diskurs mit anderen, die sich nicht im selben Tempo oder gar durch Umwege und Abzweigungen auf ihre Ziele zubewegen. Sie übernehmen gerne die Führung, sind dabei nicht zwingend überheblich und unachtsam, vergessen nur ab und an, dass sie dabei den einen oder die andere überrennen oder im Regen stehen lassen. Sie wünschen sich das Vertrauen der anderen in ihre Fähigkeiten und möchten sich nicht erklären müssen.

5. Die Entgleitenden kommunizieren viel und gerne, bauen äußerlich Nähe auf, behalten ihren innersten Kern jedoch lieber für sich. Wird es ihnen zu nah, schlängeln sie sich davon wie Fische im Wasser. Sie haben ein großes Bedürfnis nach Unabhängigkeit, Freiheit und Selbstbestimmung. Das kann so weit gehen, dass sie sich selten oder nie wirklich tief auf andere Menschen einlassen und lieber autark sind. Von ihrem Gegenüber wünschen sie sich auch eben dies sowie ein Einschwingen auf ihr jeweiliges Level und dass ihre Grenzen nicht überschritten werden.

6. Die Körperlichen gehen in Kontakt und kommunizieren am eindeutigsten über nonverbale Kanäle. Sie haben ein ausgeprägtes Körpergefühl und die entsprechende Körpersprache, mit denen sie ihre Gefühle übertragen. Dafür ist es notwendig, dass ihr Gegenüber diese Signale und Sprache wahrnimmt und versteht. Sobald körperliche Nähe aufgebaut werden konnte, zeigen und öffnen sie sich auch verbal (punktuell).

Wenn wir unser Kommunikationsverhalten und unsere -muster erforschen und hinterfragen, machen wir uns klar, dass unsere Sprache und unser Sprechen immer auch Ausdruck unserer Persönlichkeit in ihrer Gesamtheit ist, auch für den Moment und in der jeweiligen Situation.
Je genauer wir uns mit unserer inneren Stimme verbinden, desto mehr Offenheit kann entstehen, die es uns ermöglicht, uns so auch auf andere Menschen wirklich einzulassen, wenn wir uns authentisch und echt dafür interessieren, wie sich all dies bei unserem Gegenüber verhält.

4.6 Die Sprache als Kontakt

Sprich, was du fühlst, lebe, was du bist

Alles ist Kontakt, Kontakt ist Kommunikation, Kommunikation ist Beziehung, Beziehungen und funktionierende soziale Gefüge sind überlebenswichtig.

Die Natur macht es uns vor, sich in Einklang zu bringen, die Gemeinschaft zu schützen und das Fortbestehen zu sichern.

Ich möchte beispielhaft den Wald ins Spiel bringen und dessen Kommunikationswege und Möglichkeiten kurz skizzieren (lassen).

Dazu gibt es ein wunderbares Buch und einen Film des Försters Peter Wohlleben: „Das geheime Leben der Bäume".

Wohlleben erklärt uns, dass es über das *Wood Wide Web* mithilfe der Wurzeln und Pilzgeflechte eine über viele Kilometer weit reichende Kommunikation des Waldes gibt. Da geht es in erster Linie um die Arterhaltung und die Pflege und Fürsorge des Nachwuchses, aber auch um Warnsysteme, zum Beispiel bezüglich Insektenbefalls. Der Baum gibt bestimmte Stoffe frei, um die anderen Bäume zu warnen, sodass diese sich auch schützen können.

„Kann es in aufgepeitschten und unruhigen Zeiten etwas Tröstlicheres geben als den Entwurf eines funktionierenden gesellschaftlichen Gefüges, das in gegenseitiger Achtung und in Solidarität und Generationengerechtigkeit lebt? Das ist der Wohlleben-Wald: ein nur von außen, durch den Menschen bedrohter utopischer Raum, in dem es keine Schuld gibt.

Sein Entdecker und Erfinder spricht über ihn im schelmischen Tonfall des augenzwinkernden Pädagogen: ‚Eines Tages ist es endlich so weit. Der Mutterbaum hat die Altersgrenze erreicht oder ist krank geworden. Im prasselnden Platzregen hält der morsche Stamm die schwere Krone nicht mehr und bricht splitternd auseinander. Wenn der Baum auf den Boden aufprallt, erwischt es auch ein paar wartende Sämlinge. Der Rest des Kindergartens bekommt durch die entstandene Lücke ein Startsignal, denn nun können sie nach Herzenslust Fotosynthese betreiben. Ist das erledigt, dann heißt es, sich sputen. Alle Kleinen wollen nun wachsen, und nur diejenigen, welche ohne Umschweife schnurgrade nach oben treiben, bleiben im Rennen. Kobolde dagegen, die

meinen, sie könnten erst einmal lustig nach links oder rechts
abbiegen und trödeln, ehe auch sie nach oben streben,
haben schlechte Karten.'"
(https://www.zeit.de/55)

Was bedeutet uns der Wald? Was bedeuten wir dem Wald?
Darum geht es in dem neuen Buch „Unser wildes Erbe" des
Försters und Buchautors Peter Wohlleben. Im Interview er-
klärt er, was wir von den Bäumen lernen können.

Wohlleben: *„Meiner Meinung nach funktioniert*
Umweltschutz überhaupt nur über Empathie. Wir haben das
sehr schön gesehen beim Schutz der Wale und Robben, da
hat es nämlich sehr gut geklappt. Und beim Wald sollten
wir das auch so machen. Daran wird übrigens geforscht,
zum Beispiel im Helmholtz-Zentrum für Nachhaltigkeit.
Aber die Forstwirtschaft findet das natürlich ein bisschen
blöd. Wenn man herausfindet, was viele Studien
belegt haben, dass Bäume interagieren, dass die sich
untereinander austauschen, kommunizieren, gegenseitig vor
Schädlingsbefall warnen, sogar mit Tieren kommunizieren,
dann ist das natürlich nicht so gut fürs Geschäft. Da
kann ich verstehen, dass es da ein bisschen Ärger, ein
bisschen Widerstand gibt. Aber das sind Dinge, die man
sportlich nehmen muss. Nochmal: Ich glaube nicht, dass
Umweltschutz ohne Empathie funktioniert."
Im Wald hören wir also mehr auf die Instinkte oder auf
unser Gefühl und sollten das aufs restliche Leben auch
übertragen, richtig?
Wohlleben: *„Selbstverständlich. Und das beste Beispiel ist*
Liebe: Ohne Liebe ist alles nichts. Und gegenseitige Empathie:
Wir erleben es gerade in der Politik, dass da teilweise die
Sitten verrohen. Da geht es in die Richtung, dass man weniger
Mitgefühl hat für Mitmenschen in schlechteren Situationen –
und das ist kontraproduktiv. Während wenn wir viel Mitgefühl
haben, uns gegenseitig respektieren und möglicherweise

sogar Liebe im Spiel ist, dann geht man respektvoller
miteinander um. Insofern ist Natur auch ein Spiegelbild.
Wenn wir das auf Natur übertragen, dann klappt es mit dem
Umweltschutz. Wenn wir Natur so behandeln, als wären es
leblose Objekte, dann machen wir sie kaputt. Letztendlich
spiegelt das auch unseren Umgang miteinander wider."
(https://www.ndr.de/kultur/56)

Unsere Instrumente, um in Kontakt zu gehen, sind die Sprache und das Sprechen, mit beidem haben wir uns nun schon recht ausführlich auseinander- und zusammengesetzt und eine Idee davon, wie wir uns gut aufeinander einstimmen und -schwingen können.

Zur Erinnerung:
→ Aufbau einer echten Beziehung zu Stimme, Sprechen und Sagen
- Unsere innere Stimme
- Die Stimme des Körpers
- Stimme <–> Persönlichkeit
- Sprache als Mittel der Kontakt-/Beziehungsaufnahme
- Sprache im interkulturellen, geschlechtsspezifischen, altersbedingten und situativen Kontext
- Sender – Nachricht – Empfänger (Vergleich Radio, Frequenzen)

„Wie sind wir hier gelandet?
Früher haben wir noch eigenhändig unser Essen gejagt …
… und heute lassen wir unser Menü von künstlicher
Intelligenz zusammenstellen.
Mein Punkt ist: Wir leben in einer Gesellschaft,
die sich in rasender Geschwindigkeit entwickelt hat.
Und mit jedem Fortschritt haben wir uns an neue
Normalitäten ‚angepasst'.
So schnell, dass wir uns selten die Zeit nehmen, zu
hinterfragen, ob das wirklich
unserem menschlichen Wesen entspricht.

Denn nicht nur als Gesellschaft passen wir uns an.
Jeder Einzelne von uns entwickelt im Laufe
seines Lebens Anpassungsmuster!
Wir lernen, was von uns erwartet wird,
was belohnt oder bestraft wird –
und passen unser Verhalten an.
Diese Muster helfen uns, in der Welt zu überleben.
Aber helfen sie uns auch, unsere innigsten Bedürfnisse nach
Liebe, Verbundenheit und Authentizität zu stillen?
Denn die Anpassung hat einen hohen Preis:
Sie kann uns von unserem wahren Selbst abschneiden und
hindert uns daran, eine authentische Bindung zu uns und
unseren Mitmenschen aufzubauen.
Das hinterlässt seelische Wunden in uns,
die wir als Trauma bezeichnen.
Es ist also weniger überraschend, dass wir als Folge
unserer Entwicklung in einer
traumatisierten Gesellschaft leben.
Dies zeigt sich in einer deutlich zunehmenden Anzahl
unzufriedener Menschen und psychischer Erkrankungen wie
Depressionen und Suchterkrankungen."
*(Pablo im Newsletter vom 06.06.2023 **57**)*

Um sich im Einklang zu fühlen und wirklich authentisch zu
kommunizieren, ist es erforderlich, Kommunikationsstruktu-
ren, -standards und (Beziehungs-)Bedürfnisse zu kennen und
einzubeziehen. So ist es auch hilfreich, zunächst zu wissen,
welcher Persönlichkeits- und Kommunikationstyp du bist.
Ist die Kommunikation nach außen in Balance mit der inneren
Stimme, ist es möglich, wahrhaftig in Kontakt zu treten und
echtes Mitgefühl zu erleben. In beide Richtungen. Dabei beeinflusst die Art und Weise, wie wir sprechen, auch das, was
wir sagen. In beide Richtungen.
Der Mensch ist ein soziales Wesen, das darauf programmiert
ist, auf seine Umwelt zu reagieren. Atmet beispielsweise ein/e
Redner:in falsch oder verspannt den Mund und somit auch

Kehlkopf und Stimmlippen, überträgt sich das auf das Publikum, die Zuhörer:innen, man fühlt sich unwohl: der *psychorespiratorische Effekt.* (*–> Spiegelneuronen*)

Der Begriff **psychorespiratorischer Effekt** bezieht sich auf die Wechselwirkungen zwischen psychischen und respiratorischen (die Atmung betreffenden) Prozessen. Diese Verbindung zeigt, wie mentale Zustände, Emotionen oder Stress den Atemrhythmus und die Atemtiefe beeinflussen können. Eine bewusste Atemkontrolle kann wiederum psychische Zustände beeinflussen, was in verschiedenen Entspannungs- und Meditationspraktiken genutzt wird.

Nun sollten wir auch etwas über die menschlichen Grundbedürfnisse wissen, vor allem darüber, wo die eigene Schwerpunktsetzung liegt bzw. wie groß das jeweilige Bedürfnis generell und vor allem im jeweiligen Moment ist.

Die vier psychischen Grundbedürfnisse:

1. Bindung und Zugehörigkeit
*(Präsenz und Sicherheit in den ersten Lebensjahren,
existentiell –> Urvertrauen, Hirn lernt Stressregulation,
hormonell.)*
2. Kontrolle *(<-> Überanpassung)*
3. Selbstwerterhöhung
(Glaubenssätze als „Programmiersprache" unseres Selbst)
4. Unlust-/Frustrationsvermeidung
*(Mitschrift eines Vortrags von **Stefanie Stahl**,
04.04.2022 in Berlin)*

*Zum Thema „Selbstwert" empfehle ich auch
den Text meiner wunderbaren Kollegin Nina Goldberg.
Er befindet sich im Anhang.****

Die *vier Grundbedürfnisse* sind ein Konzept, das oft im Zusammenhang mit der *Selbstbestimmungstheorie* von Deci und Ryan diskutiert wird. Diese Theorie legt Wert darauf, dass es vier grundlegende psychologische Bedürfnisse gibt, die das Wohlbefinden und die Motivation eines Menschen beeinflussen.

1. *Das Bedürfnis nach Kompetenz* bezieht sich darauf, dass Menschen das Bedürfnis haben, sich fähig, wirksam und kompetent zu fühlen. Sie möchten ihre Fähigkeiten nutzen und Herausforderungen meistern, um ein Gefühl der Kontrolle über ihr Leben zu haben.

2. *Das Bedürfnis nach Autonomie* enthält, dass Menschen das Bedürfnis haben, selbstbestimmt zu handeln und ihre eigenen Entscheidungen zu treffen. Sie möchten die Freiheit haben, ihre eigenen Werte, Ziele und Interessen zu verfolgen, ohne von äußeren Zwängen oder Kontrollen eingeschränkt zu werden.

3. *Das Bedürfnis nach Zugehörigkeit* impliziert, dass Menschen das Bedürfnis haben, sich mit anderen verbunden zu fühlen, soziale Beziehungen zu pflegen und von anderen akzeptiert und respektiert zu werden. Sie suchen nach Nähe, Unterstützung und sozialer Einbindung in ihrem sozialen Umfeld.

4. *Das Bedürfnis nach Bedeutsamkeit* beinhaltet, dass Menschen das Bedürfnis haben, ein sinnvolles und erfülltes Leben zu führen, indem sie ihre Handlungen und Erfahrungen als bedeutsam und wertvoll empfinden. Sie streben nach Zwecken, Zielen und Aktivitäten, die ihnen persönliche Erfüllung und Sinnhaftigkeit bieten.

(vgl. Holland-Moritz, Silvio. **58***)*

Stellen wir uns also die Frage, wo die eigene Schwerpunktsetzung unserer Bedürfnisse liegt bzw. wo möglicherweise Defizite bestehen, die uns immer wieder in unseren Beziehungen zu anderen Menschen beeinflussen oder gar als sogenannte

Trigger beeinträchtigen und/oder Konflikte/Missstimmungen hervorrufen, die mit der momentanen Situation gar nichts oder wenig zu tun haben.

Trigger

Die Begriffe **Trigger, triggered** oder **getriggert** tauchen in der eingedeutschten Variante zwar immer häufiger in der Alltagssprache auf, doch die Bedeutung bleibt schwammig. Die deutsche Übersetzung des englischen Wortes bedeutet schlichtweg **Auslöser**.
Die Psychologie beschreibt einen Reiz dann als Trigger, wenn er in einer Person bewusst oder unbewusst Erinnerungen an ein (vielleicht sogar unwissentlich) erlebtes Trauma auslöst. **Trigger** katapultieren einen in Sekundenbruchteilen in vergangene Situationen.
*(vgl. mentalpower.ch **59**)*

„In der Psychologie fällt häufig im Zusammenhang mit ***Trigger*** *der Begriff* ***Schlüsselreiz****. Dabei handelt es sich um bestimmte angeborene Reize bei Tieren wie Flucht- oder Jagdinstinkt. Andere Schlüsselreize oder Trigger werden im Laufe des Lebens erworben. Ein typisches Beispiel ist das Erkennen und Einschätzen von Gefahrensituationen. Es ist nicht immer leicht, einen angeborenen von einem erworbenen Schlüsselreiz oder einem erlernten Verhaltensmuster zu unterscheiden. Zudem werden in der Psychologie mit einem Trigger verschiedene Sinneseindrücke bezeichnet, die unangenehme Erinnerungen oder Gefühle an eine vergangene oder immer noch andauernde negative Erfahrung wecken. Ein solcher Trigger kann ebenfalls eine bestimmte Verhaltensweise auslösen.“*
*(mentalpower.ch **59**)*

Die häufigsten Trigger sind bestimmte Orte, Gerüche, Düfte (z. B. Parfum, das an eine Person oder eine Situation erinnert), Geräusche, Klänge, Sprache, Musik, bestimmte Zeitpunkte, Daten (z. B. Todestage, Krieg, Scheidung), Erscheinungsmerkmale von Personen (Bart, Brille, Jacke), Körperempfindungen (frühere Krankheiten, Symptome).

Betroffene werden von einem Trigger völlig unvorbereitet eingeholt. Sie erleben in diesem Moment (unbewusst) das zugrunde liegende traumatische Ereignis noch einmal in vollem Ausmaß (*Flashback*). Die Grenze zwischen der aktuellen Situation und der Vergangenheit verschwimmt.

> *„Es erfolgt komplett oder teilweise die Reaktion,*
> *die damals das traumatische Geschehen charakterisiert hat,*
> *jedoch für die aktuellen Umstände völlig unangemessen ist.*
> *Neben dem Gefühl von Ohnmacht, Panik, Wut oder*
> *Todesangst reagiert auch der Körper auf den Trigger.*
> *Schweißausbrüche, erhöhte Pulsfrequenz und Herzrasen*
> *sowie Kurzatmigkeit*
> *und Herzbeschwerden können auftreten."*
> *(vgl. mentalpower.ch* **59***)*

Gehen wir also in Kontakt mit anderen Menschen, gehen wir auch immer eine bestimmte Art von Beziehung ein, und je offener wir dies tun, umso bereichernder sind diese, jedoch sind wir auch „anfälliger" für emotionale Berührungen positiver wie negativer Art oder gar für (alte) Verletzungen, z. B. über *Trigger*.

So gilt es immer zu überprüfen, was uns tatsächlich jetzt gerade in diesem Moment berührt, auf welcher Ebene dies geschieht und ob es tatsächlich mit dieser aktuellen Beziehung, wie sie sich auch immer gestaltet, zu tun hat oder ob uns die Situation „nur" an eine ähnliche, in der Vergangenheit erlebte, erinnert. Das gilt genauso für positive wie negative Regungen.

Die Beschäftigung und die Verbindung mit unserer ureigenen Stimme helfen uns dabei, klare, eindeutige Botschaften entspannt und gelassen zu senden, und das Wissen um die Wichtigkeit eines entspannten Unterbauches und Beckenbodens hilft uns aktiv zuzuhören, um nicht möglicherweise Gesagtes vorschnell zu interpretieren oder *falsch* aufzufassen.

Heilende, sich erhebende Momente

Das Wort *Haseya* entstammt der Sprache
der Navajo-Indianer
und bedeutet *sich erheben*.
Ein Aufruf an alle Kulturen zusammenzukommen und den
Schmerz zu heilen, der uns alle voneinander
und von der Erde trennt.

Echt!Hauf-Playlist-Titel
33 *Haseya – Ajeet*
34 *Gajumaru – Yaima*

4.7 Klarheit, Wertschätzung, Authentizität

So ist es also unabdingbar, sich auf – möglicherweise konfliktreiche – Gespräche gut vorzubereiten und sich bereits im Vorfeld einen „Erste-Hilfe-Koffer" zu packen, in dem sich einige Sätze und Hilfreiches befinden, die wir bereits ausprobiert und „eingeübt" haben, die klar formuliert und mit unserem Innersten verwoben sind. Aufgesetzte, auswendig gelernte Sätze, die nichts mit unserer Persönlichkeit und unserem Kommunikationstypus zu tun haben, bewirken hier wenig bzw. lassen uns selbst am Ende von unserem inneren Kern wegdriften und machen uns auf Dauer unzufrieden. Die verwahrten und internalisierten Worte, Gesten und Werkzeuge sollten also wohlüberlegt, gefühlt und passend sein. Wir erinnern uns auch an unser inneres Schatzkästchen, unsere wohlende Phiole, die uns in die entsprechende Haltung führen kann.

Ganz praktisch heißt das auch, dass wir unsere Aussagen klar auf Punkt sprechen, was unsere Standpunkte stark und eindeutig an unser Gegenüber vermittelt. Ebenso erinnern wir uns an *die Macht der Pause*, die Aussagen oder auch einzelnen Worten, die ihr folgen, mehr Bedeutung verleiht.

Möchten wir offen und ehrlich unsere Ziele, Bedürfnisse und Wünsche äußern und klar und verständlich formulieren, kommen wir nicht umhin, uns hier auch mit möglichen Vermeidungs- oder Annäherungsstrategien zu beschäftigen.

Deine *Annäherungsziele oder -strategien* sollten in Einklang mit Deinen Bedürfnissen stehen. Manchmal lassen wir uns von anderen Menschen oder situationsbedingt zu Zielen drängen, die gar nicht unsere sind, uns gar nicht interessieren.

Diese Ziele haben keine positiven Gefühle zur Folge. Ziel ist also nicht gleich Ziel. Auch hier ist *Focusing* ein sehr hilfreiches Tool. Spüre mit diesem (vermeintlichen) Ziel in Dich hinein, lass es in Deinem Körper wirken, und spüre, was sich regt und vor allem wie. Dein linker präfrontaler Kortex ist im Falle Deiner Annäherungsziele aktiv. Er vermittelt Dir eine gute Stimmung, positive Gefühle und eine starke Haltung oder eben auch nicht. Unsere Ziele beeinflussen maßgeblich unsere Stimmung. Deshalb ist es wichtig, dass Du sehr klar formulierst, was Du wie erreichen willst.

Auch hier starte wieder mit dem genauen Erforschen, Hinschauen, Hinhören und vor allem Erspüren. Bei unserem persönlichen Wachstumsprozess hilft es uns, neben unserem Bewusstsein für unsere Gefühle und Bedürfnisse auch ein Bewusstsein für unsere Ziele zu entwickeln. Dabei ist es unerheblich, ob es berufliche oder private Ziele sind. Egal, was es ist, ein Streben nach der Erreichung Deiner Annäherungsziele führt zu Glücksgefühlen und motiviert Dich. Dieser Einklang von Bedürfnissen, Gefühlen und Zielen führt Dich zu einer Authentizität, die Du auch nach außen trägst. Es macht Dich gelassen, ausgeglichen und souverän.

Nun gibt es Lebenssituationen, äußere Umstände, Tiefen, in denen wir uns nicht in der Lage sehen, uns nicht (zu-)trauen ein positives Ziel zu formulieren.

Wir möchten „einfach" nur eine bestimmte Situation nicht mehr erleben müssen. Diese typischen *Vermeidungsziele oder -strategien* sind es, die einen belasten, hemmen, lähmen. Das kann eine Person sein, mit der wir einen tief liegenden Konflikt haben, oder wiederkehrende Situationen, die uns *triggern.* Schon der Gedanke daran versetzt uns in Aufregung oder gar Angst. Deshalb versuchen wir, diese Vermeidungsziele bzw. die damit verbundene Konfliktlösung oder zumindest -bearbeitung zu verdrängen. Das kostet jedoch viel Kraft und Zeit, macht unzufrieden, angespannt und unglücklich.

Du kannst diese Vermeidungsziele oder -strategien lassen, wie sie sind, wenn Du sie als nicht so wichtig und vor allem nicht störend empfindest. Noch besser wäre es jedoch, sie in Annäherungsziele umzuwandeln. Dabei kommst Du auch mit kleinen Schritten ans Ziel und sorgst für Deine Bedürfnisse und gute Gefühle.

Erspüre, welchen Schmerz Du vermeiden wolltest, und versuche, dieses Bedürfnis anzuerkennen. Der erste Schritt ist auch hier wieder die positive Akzeptanz. (vgl. Ramming, Markus **60**)

Je bewusster ich mir nun auch bezüglich der Intention einer Kontaktaufnahme bin, meiner inneren Stimme und der Stimme meines Körpers folgend, desto klarer kann ich meine Ziele, meine Bedürfnisse und Wünsche ebenso nach außen formulieren. Und manchmal braucht es auch mehrere Anläufe, vor allem, wenn wir zu spät oder zu wenig auf die Stimme unseres Körpers hören.

Glaub mir, ich weiß, wovon ich spreche – ich habe von oben nach unten seit Jahren immer wieder Schmerzen im gesamten Rücken, die sich nicht ignorieren lassen.

Meist sind wir ganzheitlich schmerzgeplagt und sollten uns daher alle Ebenen und Facetten anschauen. Es schmerzt im ganzen System. Wahrnehmen, beobachten, nicht bewerten, ergründen, beschreiben, fühlen, um daran wachsen zu können.

An dieser Stelle wäre dann auch mein ganz persönlicher Appell an unser Gesundheitssystem angebracht:

Allen Menschen sollte eine Versorgung zuteilwerden, bei der interdisziplinär gearbeitet wird, sich die entsprechenden Fachexpert:innen untereinander absprechen und austauschen und ihre Klient:innen und Patient:innen ganzheitlich behandeln können. (Ich bin in der dankbaren Situation, das erlebt zu haben, und es war und ist so wahnsinnig zielführend und lösungsorientiert!)

Das klingt erst mal teuer, zahlt sich am Ende aber sicher auch wirtschaftlich aus:

Gesunde, glückliche Arbeitnehmer:innen, die sich wertgeschätzt fühlen.

Menschen, die zufrieden und friedvoll sein können, weil sie in ihren Bedürfnissen und Bedürftigkeiten ernst genommen werden und sich so mit ihren Gefühlen, ihrem inneren, positiven Kern verbinden können.

Menschen, denen empathisch zugehört wird und die schon allein deshalb lernen auch empathisch zuzuhören.

Menschen, die sich trauen, ihre Stimme in Klarheit und authentisch für sich und andere zu erheben, und sich selbst erlauben, sich ihren Raum zu nehmen, und anderen eben all dies auch zugestehen.

Klare, auf Punkt vermittelte Wünsche und Bitten kommen ebenso klar beim Gegenüber an und laden ein, eindeutig und authentisch zu reagieren.

Dabei muss man allerdings auch mal ein „Nein" in Kauf nehmen.

Auf Wischiwaschi-Fragen gibt es Wischiwaschi-Antworten.

Was ist zielführender?

Was machen wir aber nun mit der Enttäuschung beim Nichterfüllen des zugrunde liegenden Bedürfnisses der geäußerten Bitte?

Was mit möglichen Triggern, Erinnerungen und alten Verletzungen, die aufploppen und unsere innere Stimme, unseren Körper schreien lassen?

Ich finde, das ist dann schon *die hohe Kunst der wertschätzenden Kommunikation*: Sich just in der Situation nicht persönlich zurückgewiesen oder abgelehnt zu fühlen, und wenn es nur für einen kurzen Moment ist. Gerne überspielen wir diesen, tun cool, übergehen ihn gänzlich oder werden gar aggressiv. Ganz nach dem Motto: Angriff ist die beste Verteidigung. Nichts davon führt weiter.

Ich bin überzeugt davon, dass auch hier über die Wiederholung, durch das immer wieder Probieren und Üben eine Art Automatismus entstehen kann. Zumal, wenn ich die Grundhaltungen (Positive Akzeptanz, Empathie und Kongruenz) verinnerlicht habe und mich mit den 4 Schritten der GfK vertraut und wohlfühle.

Versuche Dich auf die Gefühle und Bedürfnisse der anderen Person einzustimmen, die sie möglicherweise durch das „Nein" ausdrücken wollte. Was genau hat in dieser Situation zu einem – eventuell sogar von mir als ärgerlich empfundenen – „Nein" geführt? Möglicherweise gilt das „Nein" einem ganz anderen nicht erfüllten Bedürfnis.

Manchmal möchte ich schreien: „Leute! REDET doch miteinander!", „Traut Euch zu fragen!"

Und zwar nicht mit der Intention, die andere Person umzustimmen, zu überzeugen oder gar zu überreden. Sondern weil Du empathisch verstehen möchtest und so Deinem Gegenüber wiederum eine Einladung aussprichst, sich authentisch zeigen zu dürfen. Weil DU authentisch, wertschätzend und klar bist, gut ausgerüstet mit Deinem „Erste-Hilfe-Koffer" und Deinem inneren Schatzkästchen, Deiner wohlenden Phiole.

Ich möchte hier einen kurzen Exkurs zu meiner praktischen Arbeit einschieben.

Ich hatte die wundervolle Aufgabe, im Rahmen des Human Rights Film Festivals 2023 zwei 2-stündige Workshops zu „Stimme und Kommunikation" mit dem Fokus auf Resilienz und Mental Care durchzuführen. Ich hatte etwas Theorie bezüglich der Grundprinzipien wertschätzender Kommunikation und einige praktische Übungen für den Einsatz einer spannungsfreien Stimme im Gepäck. Ich begann mit meiner Entspannungsübung „Meine wohlende Phiole", startete mit einem kleinen Vortrag und stieg dann in die Praxis ein, indem ich die Teilnehmer:innen, die aus den unterschiedlichsten Ländern und Kontexten kamen, die 4 Schritte der GfK mit dem gezielten, spannungsfreien Erheben der Stimme, inkl. der Übungen zum gezielten Einsatz des Beckenbodens, anhand eines persönlichen Konfliktes ausprobieren ließ. Recht schnell schaute ich in skeptische, ungläubige Gesichter.

Zwei Teilnehmerinnen (mit Migrationshintergrund) meldeten sich zu Wort und konnten sich nicht vorstellen, wie sie z. B. bei einem (verbalen) rassistischen Angriff auf der Straße mit den Tools der GfK reagieren sollen; sie könnten sich auch nicht vorstellen, wie sie in solch einer bedrohlichen Situation ihre Stimme entspannt und gelassen einsetzen. Eine schwierige, extrem herausfordernde Situation. Ein Teil von mir will für einen kurzen Moment sagen „Vergesst das alles, lasst Euch das nicht gefallen, und brüllt zurück!". Das widerspräche aber natürlich allem bisher Gesagten und könnte zur Eskalation führen. Warum kommt mir das in den Sinn?

Weil es mich wahnsinnig wütend macht und weil es mich traurig macht.

Und nun stehe ich hier als weiße, privilegierte Frau und behaupte, ich wüsste, wie es geht.

Zunächst verbalisierte ich genau das und auch meine kurzzeitige Unsicherheit, meinen ersten Impuls. So fühlten sich die Teilnehmerinnen zumindest schon mal wahr- und ernst genommen. Dann konzentrierte ich mich auf die mögliche körperliche Reaktion. Einen guten, entspannten, zugewandten Stand finden, den Unterbauch und Beckenboden loslassen, Stärke durch Entspanntheit zeigen. In gewisser Weise Unerschütterbarkeit aussenden. Nicht durch eine distanzierte, aggressive Haltung, sondern eher durch entspannte Zugewandtheit. Wir erforschten, wie dann die Stimme klingt und was wir sagen könnten. Aus unserem positiven Selbst, aufrecht und selbst-bewusst, klar und verstehen wollend. Ich denke, das braucht viel Übung, viel Stärke und auch viel Mut.

Wir übten die vier Schritte der GfK mit der entsprechenden Körperhaltung und der entlastenden Atemtechnik dann noch bei einem anderen Konflikt einer Teilnehmerin, die, nach anfänglichem Misstrauen und Zögern, am Ende sehr überrascht darüber war, wie stark ihre Stimme klingen kann, ohne laut zu werden, und wie gut und erhebend sich das anfühlt. Es ist immer wieder eine wundervolle Wechselwirkung.

Lass Dich nicht entmutigen von fehlgeleiteten Seelen, die sicher mit sich selbst den größten Kampf auszufechten haben. Es ist noch ein weiter Weg.

Je mehr ihn gehen, desto schneller kommen wir alle wieder näher zu uns selbst, zu unserem positiven inneren Kern und können diese Liebe in die Welt tragen.

Eine weitere Herausforderung ist es, ein leerlaufendes Gespräch empathisch zu unterbrechen. Z. B., weil die Person das Gesagte schon viele Male erzählt hat, weil wir mit der Flut des Gesagten überfordert sind, Nachfragen haben oder was auch immer. Hier ist ein beherztes „Stop" nicht ein unhöfliches Unterbrechen, sondern zeigt vielmehr echtes Interesse, Wertschätzung und auch Empathie. So kann ich beispielsweise auf die gefühlt hundertste Version einer Freundin, wie sie von ihrem Freund betrogen wurde, empathisch reagieren, indem ich sage: „Das hört sich so an, als seist Du immer noch sehr traurig und verletzt und wünschst Dir, respektvoller behandelt zu werden." Diese empathische Unterbrechung macht der Erzählerin eine Tür zu ihrer eigenen Erlebens- und Gefühlswelt auf, und sie realisiert, dass diese Offenheit ihr mehr Einfühlung von anderen bringt als das bloße Wiederkäuen der immer selben Geschichte. Manchmal ist es schwer, einen Monolog zu unterbrechen, weil es dann schnell so ankommen kann, als wolltest Du nur selbst zu Wort kommen und Deine eigene Geschichte erzählen. Meist ist es aber so, dass Du einfach überfordert bist und nicht mehr konzentriert zuhören kannst. Dann kannst Du aus vermeintlicher Höflichkeit ein freundliches Gesicht aufsetzen, ab und an zustimmend nicken und im Geiste den Einkaufszettel zusammenstellen, also nicht mehr aktiv zuhören. Viel wertschätzender und respektvoller ist es da doch, Du unterbrichst und zeigst damit, dass Dich das Gesagte wirklich interessiert und Du gerne weiterhin aktiv zuhören möchtest, das aber gerade nicht kannst. (vgl. Marshall B. Rosenberg **61**)

An dieser Stelle komme ich leider nicht umhin, auch kurz auf das Phänomen des Mansplaining hinzuweisen.

Buchtipps hierzu:

Rebecca Solnit, „Wenn Männer mir die Welt erklären", Tempo, 2017

Fee Brembeck, „Jetzt halt doch mal die Klappe, Mann! Warum wir auf Mansplaining keinen Bock mehr haben", Penguin Random House Verlagsgruppe GmbH, 2021.

Im Internet habe ich eine Definition gefunden, die mir sehr gut gefällt und die ich deshalb genau so aufführen möchte:

Mansplaining

„Sexistisches Verhalten kann sich auf verschiedene Weise äußern. In Form von offenen, eindeutigen Handlungen oder Äußerungen ist es leicht erkennbar. Manchmal verbirgt es sich jedoch in alltäglichen Situationen und wird als natürliches Verhalten wahrgenommen, weil es durch Gewohnheit verankert und verinnerlicht ist.

Natürlich betreibt nicht jeder Mann, der einer Frau einen Sachverhalt erklärt, direkt Mansplaining – und die Grenzen zwischen willkommener Erklärung und besserwisserischer Belehrung sind oft fließend. Geht ein Mann jedoch automatisch davon aus, dass sein weibliches Gegenüber aufgrund ihres Geschlechts weniger über einen bestimmten Sachver-

halt weiß, handelt es sich um Sexismus.

Mansplaining zeigt sich in allen Gesprächssituationen des All-
tags, in denen „frau" eigentlich keine Belehrung benötigt, sie
von Männern jedoch trotzdem bekommt, obwohl diese nicht
besser Bescheid wissen – oder gar nicht betroffen sind. Das
kann zum Beispiel der Fall sein, wenn ein Mann einer Frau
sexuelle Belästigung oder den Menstruationszyklus erklärt.

So können Sie Mansplaining erkennen:
- *Der Erklärende versucht, Autorität auszustrahlen.*
- *Er spricht seiner Gesprächspartnerin (!) Kenntnisse und*
  Wissen ab.
- *Er macht die Gültigkeit seiner Aussagen am eigenen Ge-*
  schlecht fest.
- *Er spricht in langen Monologen oder schweift in seinen*
  Erklärungen aus.
- *Er akzeptiert weder Widerspruch noch Einwände."*

*(https://www.aok.de/pk/magazin/**62**)*

Also ich finde, hier ist ein beherztes und klares „Stop" nicht
nur erlaubt, sondern dringend notwendig. Allerdings: Der Ton
macht ja bekanntlich die Musik.

5 Wie wir sprechen und wie wir etwas sagen

Eine personzentrierte Konklusion

Ab und an verschlägt es uns die Sprache, und manchmal sind wir wie gelähmt, der Körper schmerzt, die Seele schreit. Tatsächlich wollen wir aber doch durchs Leben gleiten und tanzen in Leichtigkeit und Gelassenheit. In Frieden und Zuversicht.

Machen wir uns nichts vor, die letzten Jahre haben mit uns allen etwas gemacht. Mit den einen mehr, mit den anderen weniger. Bei uns allen wuchs die Angst, ganz offen oder vergraben, in jeder Couleur und in jede Richtung. Wir stehen atem- und sprachlos vor Hass und Gewalt in Worten und Taten.

Nun ist es ja nicht so, dass es vor Pandemie, Kriegen und feministischen Revolutionen keine Klimakrise, kein gesellschaftliches Auseinanderdriften gegeben hätte und die Welt in Ordnung war. Ich denke, es ist nun die Zuspitzung, das Gewahrwerden näher kommender existenzieller Bedrohungen, die Angst machen.

Besorgte Momente

„Man soll die Dinge so nehmen, wie sie kommen.
Aber man sollte auch dafür sorgen, dass die Dinge so kommen,
wie man sie nehmen möchte."
(Curt Goetz, gefunden auf www.zitate.net)

Musiktipp, Echt!Hauf-Playlist-Titel
***35** Ein Zuhause – Philipp Dittberner*

Ich habe in den Jahren 2020–2022 zu Weihnachten je einen Text geschrieben und in Social-Media-Posts und Rundmails veröffentlicht. Hier der erste davon (alle 3 findest Du im Anhang)****.

2020

Ein Jahr, das uns vor große Herausforderungen stellte, unser
Leben mal mehr, mal weniger erschütterte,
Chancen und Wege zunichtemachte
und neue erschloss …
Manche sagen „Gott sei Dank, ist es vorbei …"
Ja, könnte man meinen und hoffnungsvoll
und zuversichtlich nach 2021 schauen.
Und JA, genau das möchte ich tun …
Vorher gerne noch einmal zurückblicken, Revue passieren,
ganz unaufgeregt, in Gelassenheit bejahend,
in friedvoller Nüchternheit,
in Dankbarkeit.
Wir wurden überrollt
von etwas nie Gekanntem, uneingeladen,
nicht erwartet, surreal und allgegenwärtig.
Es lockte uns ins Unerforschte, in die Angst,
in neue Chancen und down.
Wir schränkten unsere Kontakte ein, wir trafen uns draußen,
verließen im wahrsten Sinne alte Pfade
und entdeckten neue.
Unsere Gespräche wurden intensiver, wichtiger, wertvoller
und drehten sich im Kreis um Themen,
die wir uns nie erträumten.
Vielfach sahen wir uns nur auf kleinen Kacheln
auf großen Bildschirmen,
die zu klein wurden.
Wir haben Masken getragen und Masken fallen sehen.
Wir wurden mit Meinungen konfrontiert, die wir nicht
hören wollten, die uns ent-täuschten, schockierten und doch
erwachen und klar sehen ließen.

Wir badeten in Gefühlen, fuhren Achterbahn,
wollten verdrängen und kleinlich genau hinsehen.
Wir arrangierten uns freiwillig und unfreiwillig,
versuchten Neues und verließen uns auf Altbewährtes.
Wir fuhren im Blindflug auf Sicht,
hörten zu viel, verstanden zu wenig.
Wir erhoben unsere Stimmen,
mal lauter, mal leiser, verloren uns
und lernten uns kennen, wir liebten und hassten.
Wir ergriffen Chancen und verpassten Gelegenheiten,
wir wurden beschenkt und bestohlen.
Wir erlebten Trennung und Spaltung, Pro und Contra,
Schwarz und Weiß und doch ganz bunt.
Wir fragten uns, was stimmt und was nicht,
ist sang- und klanglos,
was findet Gehör, ist still und brüllt uns an ...

Ich möchte nicht still sein, nicht verstummen,
gemeinsam einsam sein, verharren und erstarren.

Lasst uns zusammenhalten, neue Wege gemeinsam gehen,
tapfer und solidarisch nach vorne schauen.
#solidaritaetstimmt

Es waren und sind meine ganz persönliche Sicht, meine Be-
obachtungen und Empfindungen während der Pandemie, die
für mich stellvertretend für den menschlichen Umgang mit
Krisen steht.
Liest Du die Texte hintereinander weg, wirst Du merken, dass
sich einiges wiederholt – immer wieder –, und so habe ich
das auch empfunden. Nichts gegen Wiederholungen, wenn
sie gut sind oder Gutes bewirken. Diese 3 Jahre fühlten sich
tatsächlich ein bisschen wie in einer Dauerschleife gefangen
an. Und auch wenn wir so tun, es ist ja das meiste noch nicht
vorbei, und es ist noch so viel dazugekommen, jeden Tag ein
bisschen mehr.

Was bleibt und steigt, ist die Angst. Existenzangst, emotionale Überforderung, verdrängte Kindheitserlebnisse, Depressionen, Panikattacken gehören inzwischen geradezu zum *guten Ton*. Angst ist die Celebrity der Emotionen. Sie kommt oft unsichtbar im Verborgenen und äußert sich mal körperlich, mal emotional und erzeugt Druck und Anspannung. Da schmerzt jeder Knochen, der Kopf dröhnt, wir haben die Nase voll, uns bleibt die Luft weg, der Hals schwillt, oder es schlägt uns auf den Magen. (Soll nicht heißen, dass es keine rein physischen Krankheiten gibt und nicht wirklich ALLES auch medizinisch abgeklärt sein sollte.) Dennoch schadet es sicher nicht, ganzheitlich heranzugehen, wenn wir uns krank fühlen. Die Symptome sind da, doch was steckt noch dahinter?

Ich kann hier nun sicher in erster Linie *nur* meine eigenen Erfahrungen heranziehen und die aus vielen Gesprächen mit Coachees, Freund:innen, Kolleg:innen, Auftraggeber:innen. Ich denke, selbst Erlebtes und Erfahrenes ist nicht zu unterschätzen, haben wir doch alle unsere Strategien und Glaubenssätze über Jahre, Jahrzehnte entwickelt, die uns mal mehr, mal weniger geholfen haben. Manchmal mussten wir sie revidieren oder adaptieren, um weiter wachsen zu können und um nicht krank zu werden, wenn sich das Hamsterrad immer weiter drehte und wir uns darin gefangen fühlten oder sich die Schlinge der Existenzangst enger um unsere Kehlen schnürte. Wenn die Celebrity, unsere Angst, uns in die Dunkelheit führt, in der wir alten Bekannten begegnen, die wir nie wieder treffen wollten, ist es vielleicht an der Zeit, mit diesen in Kontakt zu treten, sind sie doch nun mal sowieso ein Teil von uns. Natürlich könnten wir sie auch begraben, so tief es irgend geht, aber Stürme, Erosion und andere Krisen werden die Erde hier und da immer wieder lockern und die Überreste zum Vorschein bringen, teilweise unkenntlich, die Gefühle dazu aber sind immer da und begleiten uns. Je besser wir uns auch mit unserer Dunkelheit auskennen und sie annehmen als etwas nicht ungeschehen zu Machendes, desto näher kommen wir uns selbst und können wachsen und lernen, unsere dunklen

Momente selbst zu regulieren. Das erfordert Mut und das Selbst-Bewusstsein, sich selbst freundlich und fürsorglich zu begegnen und sich ggf. begleiten zu lassen, sich helfen zu lassen, gut für sich zu sorgen.

Um dem gerade Dargelegten noch ein letztes theoretisches Fundament zu geben, kommen wir erneut zusammenfassend und der Vollständigkeit halber zur theoretischen Grundlage und den Überlegungen von Carl R. Rogers zur personzentrierten Gesprächsführung und seiner Persönlichkeitstheorie. Sie sind für mich **die** Grundlage meines Lebens- und Arbeitskonzeptes.

Rogers' Theorie wird maßgeblich von zwei Begriffen geprägt: dem *Selbstkonzept* und der *Aktualisierungstendenz.*

Das Selbstkonzept

Das Selbstkonzept nach Carl Rogers ist ein zentraler Begriff innerhalb seines personzentrierten Ansatzes. Rogers definiert das Selbstkonzept als die Gesamtheit der Überzeugungen und Einschätzungen, die eine Person über sich selbst hat. Es umfasst die Wahrnehmungen, Einstellungen, Bewertungen und Überzeugungen, die eine Person über ihre eigenen Fähigkeiten, Eigenschaften, Werte und Identität hat. Rogers betont, dass das Selbstkonzept aus zwei Hauptkomponenten besteht:
1. Das *erlebte Selbst* bezieht sich auf die Wahrnehmungen und Erfahrungen, die eine Person über sich selbst in der Gegenwart hat. Es umfasst die bewussten Gedanken, Gefühle und Erfahrungen, die eine Person in Bezug auf sich selbst hat.
2. Das *ideale Selbst* malt das Bild oder die Vorstellung, die eine Person von sich selbst haben möchte oder wie sie zu

sein glaubt. Es umfasst die Ideale, Ziele und Werte, die eine Person für sich selbst hat und die sie erreichen möchte.

Carl R. Rogers war überzeugt, dass das Selbstkonzept eine zentrale Rolle bei der psychologischen Entwicklung und dem persönlichen Wachstum einer Person spielt. Wenn das Selbstkonzept den tatsächlichen Erfahrungen und Bedürfnissen einer Person möglichst genau entspricht, führt dies zu einem Gefühl von Selbstakzeptanz, Selbstwertgefühl und psychischem Wohlbefinden. Wenn es jedoch Diskrepanzen oder Inkongruenzen zwischen dem erlebten Selbst und dem idealen Selbst gibt, kann dies zu emotionalen Konflikten, Unsicherheit und psychischen Problemen führen.
Rogers' Ansatz betont die Bedeutung eines unterstützenden und nicht wertenden Umfelds, um Menschen dabei zu helfen, ein positives und gesundes Selbstkonzept zu entwickeln, das ihren authentischen Bedürfnissen und Erfahrungen entspricht. (vgl. Carl R. Rogers **63**)

„Das Individuum verfügt potentiell über unerhörte Möglichkeiten, um sich selbst zu begreifen und seine Selbstkonzepte, seine Grundeinstellungen und sein selbstgesteuertes Verhalten zu verändern; dieses Potential kann erschlossen werden, wenn es gelingt, ein klar definierbares Klima förderlicher psychologischer Einstellungen herzustellen."
*(Carl R. Rogers **64**)*

Die Aktualisierungstendenz

Diese Tendenz beschreibt den angeborenen Drang eines jeden Menschen, sich selbst zu entfalten, zu wachsen und sein volles Potenzial zu verwirklichen. Rogers glaubte, dass jeder Mensch von Natur aus bestrebt ist, seine eigenen Fähigkeiten zu entwickeln, seine Bedürfnisse zu befriedigen und ein erfülltes Leben zu führen.

Dazu gehört auch die angeborene Tendenz eines Individuums, sich selbst zu regulieren und sein eigenes Wachstum und seine Entwicklung zu fördern.

Rogers betrachtete den Organismus als eine Art Selbstregulationssystem, das auf natürliche Weise bestrebt ist, ein Gleichgewicht herzustellen und seine eigenen Bedürfnisse zu erfüllen. Rogers glaubte, dass die *Aktualisierungstendenz* die treibende Kraft hinter persönlichem Wachstum, Selbstverwirklichung und psychischer Gesundheit ist. Wenn Menschen in einer unterstützenden Umgebung leben, die es ihnen ermöglicht, authentisch zu sein und ihre eigenen Erfahrungen zu erkunden, können sie ihre Aktualisierungstendenz am besten entfalten und ein erfülltes Leben führen.

> *„Der Organismus bewegt sich in seinem Normalzustand in*
> *Richtung auf seine eigene Erfüllung,*
> *auf Selbstregulierung und Unabhängigkeit*
> *von äußerer Kontrolle."*
> *(Carl R. Rogers 65)*

Ich finde, das hat doch etwas sehr Tröstliches und Beruhigendes, worauf wir aufbauen können und sollten. Gemeinschaftlich und vorwärtsgerichtet.

Mir ist durchaus bewusst, dass ich mich selbst und mit meinem Umfeld – auch in schweren Zeiten – in einer (noch) privilegierten Situation befinde und es immer genug gibt, wofür ich dankbar sein kann. Wie ergeht es dann erst anderen Menschen, die bereits ohne all das benachteiligt sind? Ist es nicht wirklich an der Zeit, dass wir, die wir noch in einer einigermaßen gesicherten Situation leben dürfen, unsere Stimmen in Klarheit erheben, uns Raum nehmen und anderen den ihren geben, für unsere Bedürfnisse eintreten und die derer, die es eben momentan nicht können?

So komme ich immer wieder auf das Hinterfragen, wie wir sprechen und wie wir etwas sagen. Mit uns selbst und mit anderen.

Unser Selbstwertspiegel ist wichtig für das gesamtgesellschaftliche Zusammenleben.

In Zeiten, in denen KI zunehmend Thema wird, das Leben von außen immer schneller, undurchschaubarer und unechter wird, wirklich in diesem Moment gefühlte Emotionen von außen nicht mehr spürbar sind bzw. wir gar nicht mehr wissen, was echt und was synthetisch abgebildet oder gar Fake ist, wird es umso wichtiger, dass wir in der Innenschau uns selbst spüren, um unsere Gefühlslage wissen und uns auch trauen können, diese nach außen zu tragen.

Social Media, TV, das World Wide Web und wie sie alle heißen, erhalten erst durch uns die Macht, die sie haben (können). Wir erschaffen ein Außenbild von uns, das oftmals stark vom Inneren abweicht, wir sprechen mit einer Stimme, die mit unserer inneren nicht mehr kongruent genug ist. Wir verkennen unsere Facetten, glätten das Außen auf Hochglanz und wundern uns, dass unser innerer Kern im Stillen schreit.

GROßE STADT

Große Stadt mit Aufwand von Geräuschen
rollst du laut und lachend um mich her.
Deine Häuser glänzen,
doch sie täuschen
und das Wohnen wird in ihnen schwer.

Wenn in deinen weit bewegten Nächten
eine Stille plötzlich um sich greift
wird es bang, als ob die Häuser dächten
an das Elend, das in ihnen reift.
Diese Stille ist nicht wie das freie
weite Schweigen, das auf Wäldern weht;
alles ängstigt sich
vor einem Schreie
und der unerhörte Schrei entsteht.

Und er kommt heran die leeren Straßen
und er nährt sich wie (ein) großes Tier
von der Stille, wachsend
ohne Maßen
ist er nah, als stiege er aus mir.

Alles ängstigt sich vor einem Schreie
und der unerhörte Schrei entsteht.

Er ist alles, schwingt um alle Dinge
und durch alle Fugen tritt er ein
und die Stadt ist nur ein Ding, geringe
und vergessen, in dem großen Schrein.

Das Gedicht „Große Stadt" wurde von Rainer Maria Rilke
geschrieben und gehört zu seiner Sammlung von Gedichten
„Neue Gedichte", die 1907 veröffentlicht wurde.
Musik: „The Big Smoke" von Audiomachine

Was ist der Unterschied zu echt und was ist virtuell, wenn wir verlernen, uns gegenseitig zu fühlen, uns wirklich ganz ursprünglich zu sehen und miteinander zu zaubern?
Umso wichtiger wird unser Kommunikationsverhalten in realen zwischenmenschlichen Kontakten.
Ohne Filter, ohne Glattbügelei, pur und echt.
Ausprobieren und von Moment zu Moment lernen dürfen.
Sich mutig zeigen können und gelassen und entspannt, den anderen sein zu lassen.
Gut eingestimmt die Stimme erheben, in Klarheit, Wertschätzung und Liebe.
Für Dich selbst, für andere und für die Gemeinschaft.

„Ubuntu

Dieses kleine Wort birgt eine große Idee. Sie entstammt einer südafrikanischen Philosophie und umfasst unser Streben nach einem guten gemeinsamen Leben. Wir erfahren Ubuntu, wenn wir in Beziehung mit anderen treten und uns mitmenschlich verbunden fühlen; wenn wir wirklich zuhören und eine emotionale Verbindung spüren; wenn wir uns und andere Menschen mit der Achtung behandeln, die wir alle verdienen."
*(Mungi Ngomane **66**)*

Ich habe im Film **Avatar** von James Cameron am meisten die Begrüßung der Naví geliebt. Die Filmemacher von *Avatar* haben die Grußformel „Ich sehe dich!" nicht erfunden. Sie haben sie *ge*funden. In Südafrika.

„Sawu bona!" ist eine südafrikanische Begrüßung, die „Ich sehe dich!" bedeutet. Sie spiegelt die Lebensphilosophie von „Ubuntu".

„Sawu bona" ist ein Zulu-Grußwort aus Südafrika, das oft als Ausdruck des Respekts und der Freundlichkeit verwendet wird. Es bedeutet wörtlich „Ich sehe dich" oder „Ich respektiere dich". Es drückt die Anerkennung der Anwesenheit und Würde des anderen aus. Eine typische Antwort auf „Sawu bona" ist „Ngikhona", was „Ich bin hier" bedeutet. Dieser Gruß ist Teil der südafrikanischen Kultur und zeigt den Wert der Gemeinschaft und des gegenseitigen Respekts.

Die Idee, sich gegenseitig mit einem ehrlichen Blick in die Augen und ins Herz zu begegnen, anstatt nur oberflächlich einen Händedruck auszutauschen, ist sehr bedeutungsvoll. Es erinnert uns daran, dass wahre zwischenmenschliche Verbindungen auf tieferem Verständnis und Empathie beruhen sollten. Wenn wir uns gegenseitig wirklich „sehen" – mit all unseren Hoffnungen, Ängsten und Lebensgeschichten – schaffen wir eine Grundlage für Respekt und Zusammenarbeit.

In einer Zeit, in der Gesellschaften oft polarisiert sind und Vorurteile die Oberhand zu gewinnen scheinen, ist es wichtiger denn je, sich bewusst aufeinander einzulassen und die Vielfalt und Komplexität jedes Einzelnen anzuerkennen. Indem wir uns darauf konzentrieren, einander mit Empathie und Verständnis zu begegnen, können wir Brücken der Verbindung und des gegenseitigen Respekts bauen.

„Ich sehe dich" ist mehr als nur eine Floskel – es ist ein Versprechen, sich aufrichtig auf den anderen einzulassen und damit den Grundstein für ein harmonisches Miteinander zu legen. (vgl. Kleiner, Art, et al. **67**)

6 Entspannt die Stimme erheben und wertschätzend kommunizieren

Echt!Hauf

Ich halte es für immens wichtig und essenziell, dass wir uns im direkten Kontakt, in jeglichen zwischenmenschlichen Beziehungen, authentisch und mit unserem inneren Kern verbunden zeigen können und dürfen. Ich glaube, das bringt uns wieder mehr zu unseren Sinnen, Instinkten, zu unserem ureigenen Hören, Sehen und vor allem Fühlen, und zu unseren originären Bedürfnissen, was wir hören, sehen und fühlen wollen. Und dazu, wie wir sprechen und etwas sagen wollen, um unsere Botschaften glaubhaft, klar und authentisch unserem Gegenüber zu vermitteln.

Hierbei ist das Warten und Pausieren beim Sprechen genauso wichtig wie das aktive Zuhören. Das erfordert Vertrauen und Mut und sollte doch angstfrei und selbstverständlich sein. Weil alles immer schneller gehen muss und wir uns nicht mehr darauf verlassen wollen, dass wir mit unserer Botschaft den oder die andere/n erreichen und somit auch die des/der anderen nicht empfangen können.

Oftmals bleibt bei uns nur Negatives haften und potenziert sich spürbar in der Resonanz. Zum einen, weil unser *Appell-Ohr* häufig am größten ist, und zum anderen, weil wir ohnehin permanent von negativen Schwingungen umgeben sind. Das erleben wir tagtäglich in den Städten vor der eigenen Haustür, weil jegliche Unzufriedenheit auf die Straße getragen wird. Leider sind die negativen Schwingungen offensichtlich haltbarer, im zwischenmenschlichen und vor allem im gesamtgesellschaftlichen Kontext.

Toleranz, Resilienz und sämtliche Verarbeitungskapazitäten werden kleiner und kleiner. Es entsteht eine Atmosphäre des

Misstrauens, die Kommunikation basiert auf negativen Erfahrungen und Erwartungen.

Es entsteht Distanz.

Wie oft werden wir (ungefragt) auf Fehler aufmerksam gemacht, geben oder bekommen negatives Feedback oder gar keins. Positives wird oft selbstverständlich hingenommen, Gebende oder Handelnde empfangen häufig kein Lob, keine wertschätzende Resonanz. Dabei wirkt aber doch gerade diese, wenn gegeben oder erhalten, so wundervoll nach.

Ich glaube, Dankbarkeit und das Stärken der Stärken bewirkt so viel mehr als andauernde und sich somit leerlaufende Kritik.

Üben wir uns also im wertschätzenden und aktiven Zuhören und lenken unseren Fokus auf das empathische Verstehen, die positive Akzeptanz und Resonanz, um Motivation und die Stärkung von positivem Verhalten zu fördern.

Ein weiteres hilfreiches Tool für das aktive Zuhören und Gehört-Werden ist das *Paraphrasieren*.

Paraphrasieren

ist ein entscheidendes Instrument in der personzentrierten Kommunikation. Diese Methode betont die Bedeutung von Einfühlungsvermögen, Akzeptanz und Authentizität in der zwischenmenschlichen Interaktion. Das Ziel der personzentrierten, wertschätzenden Kommunikation ist es, eine unterstützende Umgebung zu schaffen, in der Menschen ihre Gedanken, Gefühle und Erfahrungen offen teilen können. Paraphrasieren ist ein Prozess, bei dem der/die Kommunizierende die Aussagen einer Person in eigenen Worten wiederholt, um zu zeigen, dass die Botschaft verstanden wurde und dann erst mit dem eigenen Redebeitrag zu beginnen.

So zeigt man seinem Gegenüber Interesse am Gehörten, kann Missverständnissen entgegenwirken und schafft ein gutes Klima für eine wertschätzende Kommunikation auf Augenhöhe.

Paraphrasieren dient mehreren Zwecken:

1. Klarheit fördern: Durch das Paraphrasieren können die Gesprächspartner:innen sicherstellen, dass er/sie die Aussagen des anderen korrekt eingeordnet hat. Dies hilft, Missverständnisse zu vermeiden, die Klarheit der Kommunikation zu verbessern, und bringt Entspannung.

2. Einfühlungsvermögen zeigen: Indem sich die Gesprächspartner:innen gegenseitig die Gedanken und Gefühle in eigenen Worten widerspiegeln, zeigen sie Empathie und Wertschätzung. Dies trägt dazu bei, eine Verbindung herzustellen und das Vertrauen zu stärken.

3. Reflexion ermöglichen: Paraphrasieren ermöglicht es dem/der Gesprächspartner:in, seine/ihre eigenen Aussagen zu überdenken. Durch die Wiederholung in anderen Worten kann der Sprecher neue Einsichten gewinnen und seine Gedanken weiter klären.

4. Unterstützung bieten: Das Paraphrasieren signalisiert, dass der Kommunikator aktiv zuhört und sich um das Anliegen des Gesprächspartners kümmert. Dies kann dazu beitragen, eine unterstützende Atmosphäre zu schaffen, in der sich Menschen frei äußern können.

*(vgl. Marshall Rosenberg **68**)*

Es ist wichtig zu beachten, dass das Paraphrasieren mehr als bloßes Wiederholen ist. Es erfordert Sensibilität, die richtige Tonlage, eine stimmige Atmosphäre und die Fähigkeit, sich in die Perspektive des anderen hineinzuversetzen. Paraphrasieren fördert in der Kommunikation einen respektvollen Dialog, der die Selbstexploration und das Wachstum des Einzelnen unterstützt. Die Integration von Entspannung und Empathie in die Kommunikation mit Dir selbst sowie in jegliche zwischenmenschliche Beziehungen kann einen positiven und unterstützenden Raum erschließen, in dem wir offen miteinander kommunizieren, gemeinsam innere Ruhe finden und uns gegenseitig verstehen können.

Wenn von jeder Seite im Gespräch nur je ein- oder zweimal Entspannung beim Gegenüber spürbar wird, so gibt es insgesamt schon zwei bis vier Mal wechselseitige Momente des Einklangs. Über die Spiegelneuronen spürst Du die Entspannung und das Vertrauen des/der anderen, die sich auf Dich übertragen und umgekehrt. Welch wunderbare Chance, sich gegenseitig Ruhe und Positivität zu schenken, allein durch die wahrhaftig empathische und hörbare Entspannung und Pause *(vgl. 2.4. Der heilige Gral)*.

Auch lohnt es sich, die eigene Geschwindigkeit und die des Gegenübers zu erforschen und kennenzulernen, optimalerweise gemeinsam und ohne zu bewerten.

Beobachten, spüren, annehmen und zulassen.

So können wir uns aufeinander einschwingen und im besten Fall in der Mitte treffen. Oder man wechselt auch mal. Ist mal Hase, mal Igel. Versucht sich in den Schuhen des/der anderen. Möglicherweise ist die Langsamkeit ja schneller als die Schnelligkeit oder umgekehrt. Am wahrscheinlichsten führt genau die Mischung ans Ziel, spielerisch, in Leichtigkeit.

Ich verstehe zwischenmenschliche Kontakte als einen Prozess des *Sich-gegenseitig-Lehrens und Voneinander-Lernens*, bei dem Menschen ihre Erfahrungen, Kenntnisse, Stärken und Ideen teilen, um gemeinsam zu wachsen, Ziele zu erreichen und Erfolge zu feiern, sei es in zwischenmenschlichen Beziehungen, im beruflichen Kontext oder im gesellschaftspolitischen, geschlechtsspezifischen und interkulturellen Austausch. Insgesamt trägt dieser Prozess dazu bei, ein gegenseitiges Verständnis zu fördern, Vorurteile abzubauen und eine Atmosphäre der Zusammenarbeit und des Wachstums zu schaffen. Es ist eine wechselseitige Bereicherung, die auf Respekt, Offenheit und dem Willen basiert, voneinander zu lernen. Und das in Liebe und mit Lust und Leidenschaft. (vgl. Alain de Botton **69**)

„Wenn die Passion fehlt, fehlt alles.
Ohne Leidenschaft ist nichts zu erreichen."
(Alberto Moravia),
Italiens erfolgreichster Schriftsteller der Nachkriegszeit, (1907–1990)

Und auch unser Umfeld, die Umgebung, die Lebenssituation darf kritisch unter die Lupe genommen werden, wenn wir einfach nicht zur Ruhe und in die Balance kommen. Trotz aller Versuche, aller im System verankerten Tools.

Möglicherweise sind wir schlicht und ergreifend nicht in unserem ureigenen und lebensnotwendigen Element.

Ich finde den Text von *Eckart von Hirschhausen „DIE PINGUIN-GESCHICHTE ODER WIE MAN SICH IN SEINEM ELEMENT FÜHLT"* dazu sehr eindrücklich.

Du findest ihn in Gänze im Anhang.*****

„Diese Begegnung hat mich zwei Dinge gelehrt.
Erstens: wie schnell ich oft urteile
und wie ich damit komplett danebenliegen kann.
Und zweitens: wie wichtig das Umfeld ist,
ob das, was man gut kann,
überhaupt zum Tragen kommt. (...)
Wenn Du als Pinguin geboren wurdest, machen auch sieben
Jahre Psychotherapie aus Dir keine Giraffe.
Also nicht lange hadern: Bleib als Pinguin nicht in der Steppe.
Mach kleine Schritte und finde dein Wasser.
Und dann: Spring! Und Schwimm!
Und Du wirst wissen, wie es ist, in Deinem Element zu sein."
(gefunden bei Eva-Maria Zurhorst **70***)*

7 Die Smart 10

Hier nun zum Abschluss noch mal das Ganze als kleine Liste, die Smart 10, die es auch als Karteikarte oder Lesezeichen gibt.

Die Smart 10
der Herangehensweise ist eine herzliche Einladung:

1. Erforsche Deine Stimme von innen nach außen (und umgekehrt).
2. Erspüre die vielfältigen Möglichkeiten Deines heiligen Grals und somit Deiner Facetten, Deiner Farben, Deiner Sinnlichkeit.
3. Fühle Dich und andere in der Gesamtheit von Körper, Geist und Seele.
4. Erschaffe Dir einen inneren Hafen, verankere Deine wohlende Phiole.
5. Nimm Deine Bedürfnisse und die des/anderen wahr und an.
6. Erkenne die Macht der Pause, in jeglicher Hinsicht und auf allen Ebenen.
7. Schaffe Dir vertrauensvolle Räume, suche Dir Verbündete.
8. Vertraue, sei solidarisch, empowere, und lass Dich empowern.
9. Sprich, was Du fühlst, lebe, was Du bist.
10. Tanze durch 1. bis 9. in Leichtigkeit und Liebe

Echt!Hauf-Playlist-Titel
36 Aufstehn! – Seeed
37 Haus am See – Peter Fox
oder irgendwas, das Dich ganz leichtfüßig durch den Tag tanzen lässt

Zu guter Letzt

In den letzten 2 Jahrzehnten und besonders im letzten Jahr (2023), von dem viele glaubten „Hurra, jetzt geht es aber bestimmt endlich wieder aufwärts!", stiegen die Herausforderungen unseres Lebens immer weiter, die Krisen auf der ganzen Welt spitz(t)en sich so zu, wurden und werden auf so viele Arten immer gewaltvoller, dass ich immer wieder ins Hadern komme mit meinen eigenen Glaubenssätzen, meinen Grundhaltungen, meiner Vision der spannungsfreien, wertschätzenden Kommunikation.

Das ist ja zunächst auch nicht nur schlecht. Sich selbst in diesen Momenten freundlich und mitfühlend zu begegnen, den Zwiespalt zu begrüßen und anzunehmen, bringt Wachstum und lässt uns so auch zugewandter und empathischer ins Außen gehen.

Die Stimmung auf den Straßen, den Städten ist so angefüllt von Negativität und Feindseligkeit aus allen Richtungen, dass mir immer wieder angst und bange wird. Aber mein Glaube an die innere Sonne in uns ist stärker als an die immer wiederkehrende Dunkelheit.

Ich glaube fest daran, dass wir gemeinsam lichtvoller sein können, wenn wir wieder mehr Vertrauen haben, in uns und andere.

Erhebe Deine ureigene Stimme in Solidarität und Mitgefühl, und höre auch die der anderen.

Dennoch kann und will ich folgende Fragen, meinen inneren Diskurs, der in mir immer wieder auftaucht, nicht verleugnen und mit Dir teilen.

An was kann ich noch glauben, und ist es noch möglich zu vertrauen?

Kann dieses Konzept wirklich noch funktionieren?

Reicht es noch aus?

Was ist in akuten, bedrohlichen Situationen?

In einer derart kaputten Gesellschaft dieser so hasserfüllten, gierigen Menschheit?

Ist es nicht längst zu spät?

Ist uns die Zeit nicht längst davongelaufen?

Rennen wir ihr nicht viel zu lange schon hinterher?

Wem und was genau rennen wir hinterher?

Und wohin überhaupt?

Wo ist der Plan?

Oder gibt es gar keinen, weil es genau das ist, was wir brauchen?

Keinen Plan?

Wo bleibt denn da die Sicherheit?

Ach, die gibt's gar nicht??

Mooooooooooment!

Sollten wir dann nicht alle kurz innehalten?

In friedvoller Stille?

Für mich gibt es auf all das nur eine Antwort:

„Glaube, Liebe, Hoffnung – diese drei;
aber die Liebe ist die größte unter ihnen."
(vgl. 1. Korinther 13,13)

Und wenn Du – nachdem Du dieses Buch gelesen hast – nur einen kleinen Hoffnungsschimmer mehr und einen Hauch mehr Glauben an die Liebe zu Dir selbst und für andere hast, dann habe ich das auch.
Immer und immer wieder.
Durch all die Dunkelheit hindurch.

Herzlichen Dank, dass Du Dir die Zeit genommen hast fürs Lesen, aktiv Zuhören und Teilhaben.

Liebeslied
Gedicht: Rainer Maria Rilke
Musik: Purple Floyd, Stefan Hahn
Passwort: Audio

ECHT!ENDE

Dankbarer Moment

*Playlist Echt!Hauf, Titel **40***
Thank You for Being You (OctaSounds)

„Wenn eine Person erfährt, dass sie geliebt wird,
weil sie so ist, wie sie ist,
und nicht für das, was sie vorgibt zu sein,
wird sie spüren, dass sie Respekt und Liebe verdient."
(Carl Rogers)

„Dankbarkeit bedeutet, sich in das zu verlieben, was man
bereits besitzt." (August von Kotzebue)

Mein Dank von Herzen geht an:

meine Tochter Liz, die so eine wundervolle junge Frau und Psychologin geworden ist, mich bei diesem Buch und auch bei meinen Seminaren immer tatkräftig unterstützt (manchmal zusammen mit ihren klugen und herzerfrischenden Kolleg:innen) und mich jeden Tag mit Liebe und Stolz erfüllt,

meine Soulsister Claudia Speetzen, die immer ein offenes Herz und Ohr und helfende Hände für mich hat,

meine großartigen und unterstützenden Nachbar:innen/**meine Herzfamilie Birgit Möhring und Andreas Wienecke**, ohne die dieses Buch wohl nie das Licht der Welt erblickt hätte,

Rita Ringheanu, Sprech-Kollegin und **Herzensmensch** für gemeinsames Zaubern, klare Ansagen und Liebe, meine **Freundin und Yogalehrerin Sabine Klein,** die mich (nicht nur) an ihrem großen Fachwissen, nicht zuletzt über den Beckenboden, teilhaben lässt,

Eva Loschky, die mir Lehrerin, **Mentorin,** Verbündete und Vertraute geworden ist,

Christina Puciata, Kollegin und Freundin, für Inspiration, fachliche Unterstützung und wohltuende, zielführende Gespräche,

Michaela Hinnenthal, für alte und neue Freundschaft und Liebe,

Nora Jensen für fachlichen und herzerwärmenden Austausch,

Anne Kling, für wiedergefundene Freundschaft, Unterstützung aller Art und personzentrierten Input,

Jörn Witt, Sören Nehe und **Alessandro Mongardini** meiner **Agentur Speaker-Search,** die mir mit Rat, Tat und Freundschaft zur Seite stehen,

Jasmin Vishvanath, für jahrzehntelange Freundschaft und kompetent kreativen Input beim Feinschliff meines Manuskriptes,

Stefan Hahn, für seine wundervolle Musik, die Hörbuchproduktion und vor allem für seine Inspiration,

Lutz Korndörfer, der mir mit seinem umfassenden Know-how immer wieder zielführende und freundschaftliche Schubse gab,

Stefan Schönberger für die endgültige Kreation des Titels *Echt!Hauf,*

meinen Berlin City Women,

allen wundervollen Menschen, mit denen ich arbeiten und denen ich begegnen durfte und darf

und last, but not least **Reinhard,** für seine liebevolle Unterstützung und Inspiration, seine Wertschätzung, fürs Aufrichten und Mutmachen auf einem wichtigen Stück des Weges.

Danke für Inspiration, Ruhepausen, gute Luft und Kopf-frei-Wehen am wundervollen Strand von **Bansin auf Usedom**, an die zauberhaften Menschen der **Villa Astrid** und des **Restaurants Meerzeit**, wo ein großer Teil dieses Buches geschrieben wurde.

Und natürlich an meinen Wohlfühlort im schönen Rheinhessen, wo ich zur Ruhe kommen und ein paar wundervolle Workations verbringen durfte.

Playlist Echt!Hauf
(zu finden auf Spotify und Apple Music)

1. Arrival of the Birds (The Cinematic Orchestra)
2. Baraye (Shervin Hajipour)
3. Fade to Black (Nadir Rustamli)
4. Remembrance (feat. Fleurie, Tommee Profitt)
5. I Will find You (Audiomachine)
6. To the Moon and Back (Aija Alsina)
7. Lullaby (Aija Alsina)
8. Rolling like a Ball (Ludovico Einaudi)
9. Dietro Casa (Ludovico Einaudi)
10. Autumn Waltz (Shoshana Michel)
11. Purple Floyd (Stefan Hahn)
12. Memory Gospel (Moby)
13. Sonnentanz (Klangkarussell)
14. Weisse Fahnen (Peter Fox)
15. Something Just Like This (The Chainsmokers & Coldplay live)
16. She Moves (feat. Graham Candy, Alle Farben)
17. Hey Ya! (Outkast)
18. I'm Gonna Getcha Good! *live* (Shania Twain)
19. Zukunft Pink (feat. Inéz, Peter Fox)
20. Ich muss gar nix (Großstadtgeflüster)
21. Killer Queen (Queen)
22. Love of My Life (Queen)
23. True Colors (feat. Rachael Schroeder, Fearless Soul)
24. Take a Moment to Breathe (normal the kid)
25. The Cello Song (The Piano Guys)
26. Embrace (Saah)
27. Guiding Light (Alexis Ffrench)
28. Your Love Will Never Change (at Mosaic, Los Angeles, 2023)
29. Beauty in You (Karen Drucker)
30. Use My Voice (Evanescence)
31. Unstoppable (Sia)
32. Love Can Heal (Peter Gabriel)
33. Haseya (Ajeet, Peia)

Anhang

*Statement des Verbandes Deutscher Sprecher:innen (Stand Februar 2023):

„Der Verband Deutscher Sprecher:innen (VDS) ist ein zukunfts-orientierter Verband, der die Interessen der Sprecher:innen in Deutschland fest im Blick hat. Wir sind uns der Entwicklung im Bereich der künstlichen Intelligenz (KI) bewusst und beobachten die Fortschritte künstlich generierter Stimmen (KI-Stimmen). Gerade in Anwendungsbereichen, in denen es lediglich um eine akustische Wiedergabe von Inhalten geht, können entsprechen-de Anwendungen eine sinnvolle Ergänzung zu menschlichen Sprecher:innen sein, vorausgesetzt, es handelt sich dabei um die KI-Version der Stimme eines echten Menschen. Dennoch plädieren wir dafür, die Missbrauchsrisiken zu beachten und zu vermeiden. Der VDS spricht sich für klare Schutzmechanis-men aus, sodass Sprecher:innen die volle Kontrolle über den Inhalt und ethische Maßstäbe behalten.

Insbesondere dem Einsatz künstlicher Stimmen in Bereichen, in denen es um eine künstlerische Interpretation von Inhalten geht, stehen wir kritisch gegenüber. Das gesprochene Wort bestimmt maßgeblich über die Wirkung dessen, was gesagt wird – wie es wahrgenommen und empfunden wird. Bücher und Filme sind beispielsweise wichtige Kulturgüter der Mensch-heit. Entsprechend ist exemplarisch in den Bereichen Hörbuch oder Synchron ein künstlerischer und höchst individueller In-terpretationsansatz bei der Vertonung unerlässlich, um einen Bedeutungsverlust dieser Kulturgüter zu verhindern. Zugleich sind wir davon überzeugt, dass eine professionelle Vertonung maßgeblich dazu beiträgt, dass Inhalte besser verarbeitet und erinnert werden.

Es ist im Interesse des VDS, die Entwicklung künstlicher Stim-men aktiv mitzugestalten und die Rechte der Sprecher:innen daran zu schützen. Das gilt insbesondere, da die erfolgreich programmierte künstliche Stimme einer Sprecherin oder eines Sprechers eine unendliche Anzahl an Motiven und Produktionen herstellen kann. Der VDS hat deswegen im Jahr 2019 eine eigene TTS-Gagenliste entwickelt und veröffentlicht, um dieser Entwicklung Rechnung zu tragen.

Zugleich sieht der VDS seine Aufgabe darin, die Konsument:innen auf die entsprechenden Entwicklungen aufmerksam zu machen und sie dahingehend zu sensibilisieren.

Zu diesem Zweck plant der VDS ein Gütesiegel, welches garantiert, dass ein Produkt ausschließlich mit den Stimmen echter Menschen hergestellt worden ist, ohne dass diese mithilfe künstlicher Intelligenz verändert wurden."

**UVA, United Voice Artists, ist eine weltweite Gruppe von Gilden, Verbänden und Gewerkschaften professioneller Sprecher:innen

Professionelle Sprecher:innen auf der ganzen Welt melden sich zu Wort

Seit der ersten Zeichnung, die von Hand in eine Höhlenwand geritzt wurde, seit der ersten Musiknote, seit dem ersten schriftlichen Dokument, verspüren die Menschen das Bedürfnis, ihre eigene künstlerische Intelligenz zum Ausdruck zu bringen. Der Akt des Schaffens liegt in der Natur des Menschen und beinhaltet die Nutzung der eigenen Vorstellungskraft und Vision für die Zukunft – und insbesondere der menschlichen Stimme. Der wahllose und unregulierte Einsatz künstlicher Intelligenz stellt ein Risiko dar, das zum Aussterben des künstlerischen Erbes der Kreativität und des Staunens führen könnte – ein Gut, das Maschinen nicht hervorbringen können.

In dem Bemühen, dieses Erbe zu **schützen** und zu **bewahren**, haben sich professionelle Sprecher:innen, Mitglieder führender EU-Verbände und Gewerkschaften (Frankreich, Spanien, Italien, Deutschland, Österreich, Belgien, Polen) gemeinsam mit der Schweiz, den Vereinigten Staaten, der Türkei und Lateinamerika zusammengeschlossen, um **UVA, United Voice Artists**, zu gründen.

UVA ist bestrebt, mit europäischen Entscheidungsträgern zusammenzuarbeiten, um Vorschriften zu erlassen, die den Einsatz von KI-Technologien mit der menschlichen Kreativität sowie den Ansprüchen der Datenschutzverordnung (DSGVO) und den Rechten von Künstlern in Einklang bringen. Daher sind politische Initiativen von entscheidender Bedeutung, um den Lebensunterhalt von Sprecher:innen zu sichern, der von einem fairen Umgang mit ihrer Arbeit und ihrem Beitrag zur Bewahrung der authentischen kulturellen Identität ihrer Gemeinschaften abhängt.

UVA fordert EU-Politiker und Gesetzgeber auf, Folgendes anzugehen:

- die inhärenten rechtlichen und ethischen Risiken bei der Konzeption, Schulung und Vermarktung von KI-generierten Inhalten,
- die Notwendigkeit, durch die Entwicklung von KI-Technologien in Europa, den Schutz der Künstlerrechte und der DSGVO-Regeln anzupassen.

Unsere Anliegen:

Schutz der Arbeit und der menschlichen Kreativität von Schauspieler:innen und Sprecher:innen: Jeder Einsatz von KI-Technologie zum Erzeugen und Klonen menschlicher Stimmen muss der ausdrücklichen Zustimmung der Sprecher:innen und Darsteller:innen unterliegen, die dadurch in der Lage sein müssen, die Nutzung ihrer Werke (sowohl vergangene als auch zukünftige) für Zwecke zu verweigern, die nicht ausdrücklich von ihnen genehmigt wurden. Und es müssen ihnen einfache Wege zur Verfügung stehen, um die Geltung dieser Wahl sicherzustellen.

Wahrung von Eigentums- und Leistungsschutzrechten: Derzeit ist die generative KI-Technologie zur Verbesserung ihrer Lernfähigkeiten stark auf Online-Sourcing angewiesen, was regelmäßig das illegale Abschöpfen und Verwenden von urheberrechtlich geschützten Daten und Inhalten beinhaltet. Der Erfassungsprozess verifiziert nicht, ob diese Daten und Inhalte wiederverwendet werden dürfen oder nicht.

Schutz personenbezogener Daten: Die Sprecher:innen machen die Datenschutzbehörden darauf aufmerksam, dass generative KI-Technologien wahrscheinlich „sensible" personenbezogene Daten (Stimmen gelten gemäß der DSGVO als biometrische Daten) in Zusammenhängen und für Zwecke nutzen, die bisher weder genau definiert noch transparent sind.

Bildrechte, Persönlichkeits- und Publizierungsrechte im gesamten EU-Block angleichen: Derzeit gibt es in der EU einen Flickenteppich nationaler Gesetze, der Künstler:innen hinsichtlich des Schutzes ihres Gesichts, ihrer Stimme und ihres Abbilds bei kommerziellen Anwendungen verunsichert.

Haftung für generierte Inhalte: Das KI-Gesetz muss sicherstellen, dass die Hauptverantwortung und Haftung für etwaige Schäden bei der Quelle der generativen KI-Systeme, den Anbietern der Basismodelle sowie etwaigen Anbietern einer nachgelagerten Anwendung liegt.

Gewährleistung der Transparenz für generative KI: Jede geklonte und/oder synthetische Stimme muss eindeutig gekennzeichnet und mit einer spezifischen und hörbaren Markierung nachverfolgbar sein, damit Benutzer sich des Ursprungs der sprechenden Stimme bewusst sind. Diese Forderung steht im Einklang mit der Bestimmung der Identifizierbarkeit von durch KI-Systeme generierten Inhalten im Entwurf des EU-KI-Gesetzes, diese muss jedoch weiter verbessert werden.

Nachhaltigkeit eines Kulturgutes: Sprecher:innen sind Teil des Kulturgutes ihrer Gemeinschaften. Ihre Rolle bei der Bewahrung der kollektiven Identität muss daher geschützt werden.

Umsetzung eines Moratoriums: Es muss ein Moratorium für den Einsatz von Sprachsynthese- und Klontechniken mit generativer KI eingeführt werden, bis es eine klare Regelung gibt, die die Rechte aller professionellen Sprecher:innen schützt und die Kontinuität ihrer kulturellen Rolle sichert.

Dialog etablieren: Es muss ein offener und konstruktiver Dialog zwischen Studios, Sprecher:innen und allen anderen Teilnehmern der Branche etabliert werden, um sicherzustellen, dass die Rechte von Sprecher:innen respektiert werden. Dazu gehört auch die verbindliche Einführung von Vertragsbedingungen, um die Nutzung menschlicher Stimmproben durch generative KI-Technologien zu Schulungszwecken ohne aktive Zustimmung der ausübenden Künstler:innen/Eigentümer:innen zu verhindern.

*UVA, **United Voice Artists**, ist eine globale Koalition von Gilden, Verbänden und Gewerkschaften für Sprecher:innen, die sich zusammengeschlossen haben, um ihre gemeinsamen Ziele zu verfolgen. Diese Gemeinschaftsinitiative vereint namhafte Verbände und Gewerkschaften aus der Europäischen Union, darunter Frankreich, Spanien, Italien, Deutschland, Österreich, Belgien und Polen, sowie Organisationen in der Schweiz, in der Türkei, in den Vereinigten Staaten von Amerika und in Ländern Südamerikas.*

- ADA: Artistas da Dobraxe Asociados (Spain)
- AAPV: Valencian Professional Actors And Actresses (Spain)
- ADAP: Associazione Doppiatori Attori Pubblicitari (Italy)
- ADOMA: Artistas de Doblaje de Madrid (Spain)
- ANAD: Associazione Nazionale Attori Doppiatori (Italy)
- ARDA: Asociacio'n Renovada del Doblaje Andaluz (Spain)
- AUT: Actors' Union of Turkey (Turkey)

- AVTA Madrid: Sindicato de Actores de Voz y Voice Talent de Madrid (Spain)
- BELVA (Belgium)
- BIEUSE: Bikoiztaile Euskaldunen Elkartea (Spain)
- CHILEVOCES: Organizacio'n de Voces Unidas (Chile)
- CPD: Collectiu De Professionals Del Doblatge (Spain)
- DUB: Doblatge Unida de Barcelona (Spain)
- EHBE: Euskal Herriko Bikoizleen Elkartea (Spain)
- LESVOIX.FR: Association professionnelle des come'diens artistes-interprètes de la voix enregistre'e (France)
- LGL: La General de Locutores (Spain)
- LOCUMAD: Sindicato de Locutores de Madrid (Spain)
- NAVA: National Association of Voice Actors (USA)
- OVU: Organizacio'n de Voces Unidas (Latin America)
- SFA-CGT: Syndicat Français des Artistes interprètes (France)
- SIA-UNSA: Syndicat Inde'pendant des Artistes-Interprètes (France)
- SNAPAC-CFDT: Syndicat national des Artistes et des Professionnels de l'animation, du Sport et de la Culture (France)
- Union Des Artistes Du Spectacle (Belgium)
- VdS: Verband deutscher Sprecher:innen e. V. (Germany)
- Voice Sprecherverband (Austria)
- VPS-ASP: Vereinigung professioneller Sprecherinnen und Sprecher (Switzerland)
- ZZTD: Związek Zawodowy Two'rco'w Dubbingu (Poland)

www.unitedvoiceartists.com contact@unitedvoiceartists.com

Nina Goldberg:

„Selbstwert, du launiger Scheißer, ey. Erkenntnis, mal wieder: Grautöne sind in Sachen Selbstreflexion nichts, was mir zufliegt. Schwarz und Weiß, das kann ich prima. Alles dazwischen ist harte Arbeit. Immer noch bin ich gruselig abhängig von der ganz aktuellen Lage, davon, ob mich genug Leute ‚wollen'. Beruflich wie privat. Aber deutlich mehr beruflich. Steht das Telefon mal drei Tage lang weitestgehend still, was durchaus vorkommt, finde ich das zwar mitunter gemütlich und komme dann endlich mal zu allem möglichen Liegengebliebenen, gleichzeitig aber habe ich dann das Gefühl, ich fände nicht statt. Eine bessere Formulierung finde ich nicht.

Mein Umfeld findet das zurecht richtig nervig. Ob der Alltag mit mir gerade eine unterhaltsame zeksi Butterfahrt ist oder einfach nur eine eher düstere, hohle Abfolge diverser Tätigkeiten, das hängt mitunter an der Häufigkeit des Telefonschellens. Absurd. Drei Tage lang finde ich mich eine laberige Möchtegern-Künstlerin, die nichts geschissen kriegt, die ein bisschen peinlich und aus der Welt gefallen ist. ‚WAS KANN ICH EIGENT-LICH?‘, frage ich mich dann häufig.

Dann halte ich mich mal wieder für ein paar Tage für einen steilen Zahn, innen wie außen, mit dem man verständlicherweise sehr gerne Zeit verbringt, und denke: ‚JA HÖMMA, WAS KANN ICH DENN EIGENTLICH NICHT??‘

Und dann geht das wieder von vorne los. Mein frommer Wunsch: Grauzonen. Zwischentöne. Eine Abkopplung von meinem Kontostand. Ich komm tatsächlich besser mit mir klar, wenn mein Konto besonders voll ist. Und das nicht, weil ich mir dann viel gönnen kann oder damit diffuse Ängste in Schach halte. Nein, das ist es noch nicht mal. Ich halte mich unbewusst offenbar für wertvoller, wenn ich viele Euros verdient habe. Ich weiß, dass das Hardcoreblödsinn ist. Es ist Kapitalismuskonzentrat. Nie würde ich so über meine Mitmenschen denken. Und kriege es dennoch in Bezug auf mich selbst nicht ausgeschaltet. Noch nicht!

#selflove #kapitalismus #duschwein #selbstwert #freelancing #selbstständig #selbstliebe #selbstliebelernen"

****2020
Ein Jahr, das uns vor große Herausforderungen stellte, unser Leben mal mehr, mal weniger erschütterte, Chancen und Wege zunichtemachte und neue erschloss …
Manche sagen „Gott sei Dank ist es vorbei …"
Ja, könnte man meinen und hoffnungsvoll und zuversichtlich nach 2021 schauen.

Und JA, genau das möchte ich tun ...
Vorher gerne noch einmal zurückblicken, Revue passieren,
ganz unaufgeregt, in Gelassenheit bejahend, in friedvoller
Nüchternheit, in Dankbarkeit.
Wir wurden überrollt von etwas nie Gekanntem,
uneingeladen, nicht erwartet, surreal und allgegenwärtig.
Es lockte uns ins Unerforschte, in die Angst,
in neue Chancen und down.
Wir schränkten unsere Kontakte ein, wir trafen uns draußen,
verließen im wahrsten Sinne alte Pfade
und entdeckten neue.
Unsere Gespräche wurden intensiver, wichtiger, wertvoller
und drehten sich im Kreis um Themen,
die wir uns nie erträumten.
Vielfach sahen wir uns nur auf kleinen Kacheln auf großen
Bildschirmen, die zu klein wurden.
Wir haben Masken getragen und Masken fallen sehen.
Wir wurden mit Meinungen konfrontiert, die wir nicht
hören wollten, die uns ent-täuschten, schockierten und doch
erwachen und klar sehen ließen.
Wir badeten in Gefühlen, fuhren Achterbahn,
wollten verdrängen und kleinlich genau hinsehen.
Wir arrangierten uns freiwillig und unfreiwillig,
versuchten Neues und verließen uns auf Alt-Bewährtes.
Wir fuhren im Blindflug auf Sicht,
hörten zu viel, verstanden zu wenig.
Wir erhoben unsere Stimmen,
mal lauter, mal leiser, verloren uns
und lernten uns kennen, wir liebten und hassten.
Wir ergriffen Chancen und verpassten Gelegenheiten,
wir wurden beschenkt und bestohlen.
Wir erlebten Trennung und Spaltung, Pro und Contra,
schwarz und weiß und doch ganz bunt.
Wir fragten uns, was stimmt und was nicht, ist sang- und
klanglos, was findet Gehör, ist still und brüllt uns an ...

*Ich möchte nicht still sein, nicht verstummen, gemeinsam
einsam sein, verharren und erstarren.*

*Lasst uns zusammenhalten, neue Wege gemeinsam gehen,
tapfer und solldarisch nach vorne schauen.*
#solidaritaetstimmt

Pandemiejahr 2.0
O. k. ... 2021 ...
Nun neigst du dich dem Ende,
hast uns wieder vor große Herausforderungen gestellt,
unser Leben weiterhin mal mehr, mal weniger erschüttert,
erneut Chancen und Wege zunichtegemacht und uns die ein
oder anderen neuen erschlossen.
Ein kleiner Blick zurück sei gestattet, Revue passieren, am
Ende friedvoll, loslassend, verzeihend.
2021, ganz ehrlich ...
Du warst ganz schön ent-täuschend, musstest zu große
Erwartungen erfüllen
und kamst schon am Anfang nicht so richtig in Fahrt ...
„Leinen los! Segel gesetzt! Nun auf durch DAS Jahr!"
Alles war scheinbar gerichtet, in Wege geleitet, am Start ...
Allet wird juut! „Wir schaffen das!"
Doch es blieb ...
dieses Unbekannte, Uneingeladene, nicht Erwartete,
und es blieb surreal und allgegenwärtig.
Wir haben uns gewöhnt an den Anblick von Gesichtern in
kleinen Kacheln,
wir haben unsere Masken getragen
und weitere fallen sehen.
Wir wurden wieder und wieder mit Meinungen konfrontiert,
die wir immer noch nicht hören wollten,
die uns schockierten und doch erwachen und sehen ließen.
Wir erlebten Trennung und Spaltung, Pro und Contra,
schwarz und weiß und nicht genug bunt.

Wir hatten vielfach die Wahl,
wir stritten, verurteilten, verziehen und kämpften.
Wir erlebten einen Sommer mit viel Licht am Horizont
und ganz viel Schatten im Herbst.
Du warst ein Jahr der Abschiede, der Trauer,
der Müdigkeit, der Kraftanstrengung
und des immer wieder Aufstehens.
2021, Du sollst Dich und Dir wird nun verziehen!
Was uns bleibt, ist nun wieder der hoffnungsvolle Blick aufs
neue Jahr, ganz frisch und unverdorben.
Erwartungen überschaubarer halten, sich wohl dosiert in
Bescheidenheit üben,
sich Gutes tun, gewürzt mit heilenden Gönnungen,
und auch eine gute Brise Demut wird da nicht schaden.
Lasst positive Energien fließen, und befreit euch von
lähmendem Ballast.

Positive Wertschätzung, Empathie und Kongruenz sind die
Grundlagen und die Stützpfeiler für uns selbst,
mit uns selbst und in der Interaktion mit anderen.
(vgl. Carl R. Rogers)
„Jeder Mensch ist bestrebt zu wachsen
und seine Bedürfnisse zu befriedigen,
für sich und gemeinsam mit anderen. (...)
Wer sich öffnet, kommt weiter."
(Brueggemeier, Wertschätzende
Kommunikation im Business)

Lasst uns zusammenhalten, neue und
alte Wege gemeinsam gehen,
mutig und solidarisch nach vorne schauen
und den Blick fürs Wesentliche nicht verlieren.

2022 ...
Pandemiejahr 3.0
Kriege, Revolutionen, Kampf ums Klima ...
Du hattest ganz schön viel im Gepäck.
Und nun neigst auch Du Dich dem Ende,
hast uns und die Welt vor immer
größere Herausforderungen gestellt,
unser Leben in vielerlei Hinsicht erschüttert,
erneut Chancen und Wege zunichtegemacht
und uns die ein oder anderen neuen erschlossen.
Ein kleiner Blick zurück sei nun gestattet, kurz Revue
passieren lassen,
um zu lernen
und zu wachsen 2022 ...
Du warst mit (zu) großen Erwartungen ausgestattet,
solltest einiges gutmachen, was in den Jahren zuvor nicht
erfüllt werden konnte.
Doch wie das so ist, mit Erwartungen
in jeglichen Beziehungen ...
Keine gute Voraussetzung.
Wir haben uns gewöhnt an den Anblick
von Gesichtern in kleinen Kacheln,
wir haben weiter unsere Masken getragen
und immer mehr fallen sehen.
Wir wurden wieder und wieder mit Meinungen konfrontiert,
die wir immer noch nicht hören wollten,
die uns schockierten und doch erwachen und sehen ließen.
Wir erlebten Trennung und Spaltung, Pro und Contra,
schwarz und weiß, grau in grau und nicht genug bunt.
Ich bin gerade sehr nachdenklich, irritiert, hinterfrage mich
und auch uns alle als (patriarchale) Gesellschaft.
Was ist das für eine Zeit, ein Zeitgeist,
in der und mit dem wir leben?

*Eine Zeit, in der sich (junge) Menschen gezwungen fühlen,
sich mit Sekundenkleber auf die Straße zu kleben, um mit
ihren (für uns alle) wichtigen Anliegen
gehört und gesehen zu werden.*

*Wo der Kampf ums Klima das Vorrangigste sein sollte, und
ich doch gerne abends mit meinem Auto zum Yoga fahre,
weil ich mich spätabends als Frau weder in der Bahn noch
auf dem Fahrrad sicher fühle ...*

*In der von links nach rechts die Wut und Ohnmacht wächst
und Kommunikation und echte Begegnung auf Augenhöhe
so sehr gewünscht
und doch anscheinend so sehr schwer ist ...?*

*Während im Iran und anderswo auf der Welt Frauen
versuchen, sich ihrer Ketten zu entledigen und lieber
den Tod riskieren als ihre Freiheit, werden hier im
privilegierten Deutschland Schreie lauter über vermeintliche
Verschwörungen und diktatorisches
Verhalten unserer Regierung.*

Lautstark auf der Straße, beschützt durch unsere Polizei.

*Ist es nicht vielmehr unser aller Pflicht,
uns mit denen zu solidarisieren,
die ihre Stimmen nicht erheben können oder dürfen?*

Der Freiheit und der Gemeinschaft unsere Stimmen zu geben?

Gemeinsam!

Über die eigene Blase hinauszublicken?

Als Menschheit, als Lebewesen im Einklang?

*Eben weil wir es **können**! Ohne Angst.*

(Möge dies immer so bleiben.)

*Was brauchen wir, um uns sicher, ausgeglichen
und stark zu fühlen?*

*Stark genug, um unsere Stimmen in Wertschätzung und
Mitgefühl für uns selbst
und für andere zu erheben?*

*Ich denke, wir brauchen einen sicheren, angstfreien Raum,
ein Umfeld, in dem wir uns gehört und gesehen fühlen,
Vertrauen, Solidarität und Empowerment.*

Lasst uns zusammenhalten, Wege gemeinsam gehen,
mutig und solidarisch nach vorne schauen
und den Blick fürs Wesentliche nicht verlieren.
Erwartungen überschaubar halten,
uns wohldosiert in Bescheidenheit üben,
uns und anderen Gutes tun,
gewürzt mit heilenden Gönnungen,
und auch eine gute Brise Demut wird nicht schaden.

*„**Jetzt** erkenne ich unvollkommen,*
dann aber werde ich durch und durch erkennen,
so wie ich auch durch und durch erkannt worden bin."
Für jetzt bleiben Glaube, Hoffnung, Liebe, diese drei;
doch am größten unter ihnen ist die Liebe."

*****Eckart von Hirschhausen
Die Pinguin-Geschichte
oder: Wie man sich in seinem Element fühlt

„Diese Geschichte ist mir tatsächlich passiert. Ich war als Moderator auf einem Kreuzfahrtschiff engagiert. Da denkt jeder: ‚Mensch, toll! Luxus!" Das dachte ich auch. Bis ich auf dem Schiff war. Was das Publikum angeht, war ich auf dem falschen Dampfer. Die Gäste an Bord hatten sicher einen Sinn für Humor, ich hab ihn nur in den zwei Wochen nicht gefunden. Und noch schlimmer: Seekrankheit hat keinen Respekt vor der Approbation. Kurzum: Ich war auf der Kreuzfahrt kreuzunglücklich. Endlich! Nach drei Tagen auf See, fester Boden. ‚Das ist wahrer Luxus!' Ich ging in einen norwegischen Zoo. Und dort sah ich einen Pinguin auf seinem Felsen stehen. Ich hatte Mitleid: ‚Musst Du auch Smoking tragen? Wo ist eigentlich deine Taille? Und vor allem: Hat Gott bei Dir die Knie vergessen?" Mein Urteil stand fest: Fehlkonstruktion.
Dann sah ich noch einmal durch eine Glasscheibe in das Schwimmbecken der Pinguine. Und da sprang ‚mein' Pingu-

in ins Wasser, schwamm dicht vor mein Gesicht. Wer je Pin-
guine unter Wasser gesehen hat, dem fällt nix mehr ein. Er
war in seinem Element! Ein Pinguin ist zehnmal windschnit-
tiger als ein Porsche! Mit einem Liter Sprit käme der umge-
rechnet über 2500 km weit! Sie sind hervorragende Schwim-
mer, Jäger, Wasser-Tänzer! Und ich dachte: ,Fehlkonstruktion!'
Diese Begegnung hat mich zwei Dinge gelehrt. Erstens: wie
schnell ich oft urteile und wie ich damit komplett danebenlie-
gen kann. Und zweitens: wie wichtig das Umfeld ist, ob das,
was man gut kann, überhaupt zum Tragen kommt.
Wir alle haben unsere Stärken, haben unsere Schwächen. Viele
strengen sich ewig an, Macken auszubügeln. Verbessert man
seine Schwächen, wird man maximal mittelmäßig. Stärkt man
seine Stärken, wird man einzigartig. Und wer nicht so ist wie
die anderen, sei getrost: Andere gibt es schon genug! Immer
wieder werde ich gefragt, warum ich das Krankenhaus gegen
die Bühne getauscht habe. Meine Stärke und meine Macke ist
die Kreativität. Das heißt, nicht alles nach Plan zu machen, zu
improvisieren, Dinge immer wieder unerwartet neu zusammen-
zufügen. Das ist im Krankenhaus ungünstig. Und ich liebe es,
frei zu formulieren, zu dichten, mit Sprache zu spielen. Das ist
bei Arztbriefen und Rezepten auch ungünstig. Auf der Bühne
nutze ich viel mehr von dem, was ich bin, weiß, kann und zu
geben habe. Ich habe mehr Spaß, und andere haben mit mir
mehr Spaß. Live bin ich in meinem Element, im Flow!
Menschen ändern sich nur selten komplett und grundsätzlich.
Wenn Du als Pinguin geboren wurdest, machen auch sieben
Jahre Psychotherapie aus Dir keine Giraffe. Also nicht lange ha-
dern: Bleib als Pinguin nicht in der Steppe. Mach kleine Schrit-
te, und finde dein Wasser. Und dann: Spring! Und Schwimm!
Und Du wirst wissen, wie es ist, in Deinem Element zu sein."

Quellenverzeichnis

1. **Gabriele Sons** in Evas Stimmcafé bei Clubhouse, www.gabriele-sons.com
2. **Beate Brueggemeier** Wertschätzende Kommunikation im Business, 2010, 4. Auflage 2017, S. 11
3. https://**neueswort.de**/technokratisch/#wbounce-modal
4. **Beate Brueggemeier,** Wertschätzende Kommunikation im Business, 2010, 4. Auflage 2017, S. 15
5. **Beate Brueggemeier,** Wertschätzende Kommunikation im Business, 2010, 4. Auflage 2017, S. 14–15
6. **Beate Brueggemeier,** Wertschätzende Kommunikation im Business, 2010, 4. Auflage 2017, S. 14–15
7. **Dr. Axel Schulz,** Facharzt für psychosomatische Medizin und Psychotherapie
8. **Edmund Jacobson,** You Must Relax, 1977, Vereinigtes Königreich, Souvenir Press
9. **Zaboura, Nadia,** Das empathische Gehirn: Spiegelneurone als Grundlage menschlicher Kommunikation. Deutschland, VS Verlag für Sozialwissenschaften, 2009, S. 60/61)
10. **Eugene T. Gendlin,** Focusing, 2016, 11. Auflage, Rowohlt Taschenbuch Verlag
11. **Ann Weiser Cornell,** Focusing – Der Stimme des Körpers folgen, 2015, 13. Auflage, Rowohlt Taschenbuch Verlag
12. https://www.**deutschlandfunk.de**/voegel-des-gluecks-tanzende-kraniche-in-mecklenburg-100.html
13. **Marshall Rosenberg,** Gewaltfreie Kommunikation, 2016, 12. überarbeitete und erweiterte Auflage, Junfermann
14. **Walter Sendlmeier,** 2012, „Die psychologische Wirkung von Stimme und Sprechweise – Geschlecht, Alter, Persönlichkeit, Emotion und audiovisuelle Interaktion."

Resonanz-Räume – Die Stimme und die Medien, Bertz + Fischer Berlin, S. 99–116

15. https:www.**sap**.com/germany/products/artificial-intelligence/what-is-artificial-intelligence.html
16. **Audio Publishers Association** (APA) (2021). The Voice of the Industry. Available at: https://www.audiopub.org/(accessed 23 May 2021)
17. **Deutschlandfunk**, Mediasres, 23.07.2019, Autor: Stefan Römermann
18. **Gabriele Isele**, Zeitschrift der GwG, „Gesprächspsychotherapie und Personzentrierte Beratung", 2/23, S. 32
19. **Daniel Bax** im „Tagesspiegel" vom 27.05.2023
20. **Eugene T. Gendlin**, „Focusing, Selbsthilfe bei der Lösung persönlicher Probleme", 1998, 11. Auflage 2016, S. 72 ff.
21. **Eva Loschky** Gut klingen – gut ankommen, S. 34 ff., insbesondere S. 44–60 (2. Auflage von 2008)
22. **Eva Loschky,** *„Gut klingen – gut ankommen", S. 55 u. 56, 2. Auflage von 2008*
23. **Uebele, M.,** Das limbische System. In: Akrodynamik. Springer, Berlin, Heidelberg 2013
24. **Schwartz, James, Jessell, Thomas,** Neurowissenschaften: Eine Einführung. Deutschland, Spektrum Akademischer Verlag, 2012
25. *https://krank.de/anatomie/limbisches-system/*
26. **Daniel Boger,** Das magische Zauberbuch, Books on Demand GmbH, S. 28, 2016
27. **Dr. Edith Eva Eger,** „In der Hölle tanzen – Wie ich Auschwitz überlebte und meine Freiheit fand", 4. Auflage, November 2019, S.86, S. 90, S. 91, S. 99, S. 30
28. **Carl R. Rogers,** Client-centered therapy: Its current practice, implications and theory. Boston: Houghton Mifflin (1951)
29. **Carl R. Rogers,** The necessary and sufficient conditions of therapeutic personality change. Journal of Consulting Psychology, 21 (2), 95–103, (1957)

30. **Carl R. Rogers,** A theory of therapy, personality, and interpersonal relationships, as developed in the client-centered framework. In S. Koch (Ed.), Psychology: A study of a science. Vol. 3. Formulations of the person and the social context (pp. 184–256). New York: McGraw-Hill, 1959

31. **Marshall Rosenberg,** Gewaltfreie Kommunikation, 2016, 12. überarbeitete und erweiterte Auflage, Junfermann, S. 29

32. **Marshall Rosenberg,** Gewaltfreie Kommunikation, 2016, 12. überarbeitete und erweiterte Auflage, Junfermann, S. 35

33. **Kristina Appel,** 02.08.2023 auf https://www.emotion. de/psychologie-partnerschaft/persoenlichkeit/ impostor-syndrom

34. **Alain de Botton,** https://psychologische-praxis-thiele. de/liebe-im-zeitalter-der-apps/

35. **Philipp Nawroth,** Aktives Zuhören nach Carl R. Rogers: Erfolgreiches Zuhören in der professionellen Gesprächsführung und in der Wissensgesellschaft. Grin Verlag, 2010

36. **Beate Brueggemeier,** Wertschätzende Kommunikation im Business, 2010, 4. Auflage 2017, S. 20

37. **Beate Brueggemeier,** Wertschätzende Kommunikation im Business, 2010, 4. Auflage 2017, S. 21

38. **Judith S. Beck,** Cognitive behavior therapy: Basics and beyond (2nd ed.). New York: Guilford Press, 2011

39. **Dr. Beate Guldenschuh-Feßler, Roman Feßler,** Glaubenssätze: Ihre persönliche Formel für mehr Glück und Erfolg. Deutschland, tredition, 2019, S. 5

40. **Marshall Rosenberg,** Gewaltfreie Kommunikation, 2016, 12. überarbeitete und erweiterte Auflage, Junfermann, S. 25

41. **Beate Brueggemeier,** Wertschätzende Kommunikation im Business, 2010, 4. Auflage 2017, S. 16/17

42. https://www.**schulz-von-thun**.de/die-modelle/das-kommunikationsquadrat

43. **Martin K. W. Schweer,** Facetten des Vertrauens und Misstrauens: Herausforderungen für das soziale

Miteinander. (2022) Deutschland: Springer Fachmedien Wiesbaden

44. **Günter Bentele**, Vertrauen/Glaubwürdigkeit. In: Jarren, O., Sarcinelli, U., Saxer, U. (eds) Politische Kommunikation in der demokratischen Gesellschaft. VS Verlag für Sozialwissenschaften (1998)
45. *Sheryl Sandberg, „Lean in", Ullstein, 5. Auflage 2016, S. 223*
46. **Carolin Kebekus**, „Es kann nur eine geben", 2021, S. 23/24
47. **Bart von Vertellis** *im Newsletter/Mai 2022*
48. **Alain de Botton** über „Romaticism" https://www.youtube.com/ watch?v=Ctz6eJ3Pr94&list=RDLVsPOuIyEJnbE&index=6
49. **Felix M. Berndt**, Doc Felix – Feel good: Gesund, entspannt und glücklich – ich zeig dir, wie es geht, dtv, 2023, S. 25
50. *https://gesund.bund.de/burn-out-syndrom*
51. https://de.**statista.com**/statistik/daten/studie/233475/ umfrage/praevalenz-von-burn-out-nach-geschlecht-alter-und-sozialem-status/
52. https://www.aok.de/pk/magazin/wohlbefinden/ motivation/wie-sie-sich-vom-prokrastinieren-verabschieden
53. **Tom Schmitt, Michael Esser**, Status-Spiele: Wie ich in jeder Situation die Oberhand behalte. Deutschland, Fischer Verlag, 2010
54. **Virginia Satir**, Kommunikation ist ein riesiger Regenschirm (Leben lernen: kurz & wirksam): (German Edition) (S. 89–95). Klett-Cotta. Kindle-Version
55. https://www.zeit.de/kultur/literatur/2016-01/ wohlleben-das-geheime-leben-der-baeume
56. https://www.ndr.de/kultur/**Peter-Wohlleben**-Umweltschutz-funktioniert-nur-ueber-Empathie,wald1318.html
57. Pablo im Newsletter vom 06.06.2023, „Eine neue Sichtweise auf unsere Gesellschaft" von „younity" über den Traumatherapeuten Gabor Maté

58. **Silvio Holland-Moritz,** Die Selbstbestimmungstheorie nach Deci und Ryan. Deutschland, GRIN Verlag, 2009
59. **mentalpower.ch,** Trigger in Psychologie: Umgang Kritik, Beleidigung, Kränkung
60. **Markus Ramming,** Neuro Change: Antworten der Hirnforschung auf den Wandel im Management. Deutschland, Haufe, 2019, S. 94 ff.
61. **Marshall Rosenberg,** Gewaltfreie Kommunikation, 2016, 12. überarbeitete und erweiterte Auflage, Junfermann, S. 119–121
62. *https://www.aok.de/pk/magazin/koerper-psyche/ psychologie/mansplaining-definition-und-tipps-fuer-den- umgang-damit/*
63. **Carl R. Rogers,** Der neue Mensch (Konzepte der Humanwissenschaften). Deutschland, Klett-Cotta, 2015
64. **Carl R. Rogers,** Der neue Mensch (Konzepte der Humanwissenschaften). Deutschland, Klett-Cotta, 2015, S. 66
65. **Carl R. Rogers,** Der neue Mensch (Konzepte der Humanwissenschaften). Deutschland, Klett-Cotta, 2015, S. 71
66. *Mungi Ngomane I AM BECAUSE YOU ARE. Ubuntu – 14 südafrikanische Lektionen für ein Leben in Verbundenheit. Kailasch: München 2019, S. 13*
67. Art Kleiner et. al., The Fifth Discipline Fieldbook: Strategies and Tools for Building a Learning Organization. Vereinigtes Königreich, Nicholas Brealey Publishing, 2011
68. **Marshall Rosenberg,** Gewaltfreie Kommunikation, 2016, 12. überarbeitete und erweiterte Auflage, Junfermann, S. 99–104
69. **Alain de Botton** über „Romaticism" https://www.youtube.com/ watch?v=Ctz6eJ3Pr94&list=RDLVsPOulyEJnbE&index=6
70. **Eva-Maria Zurhorst, Wolfram Zurhorst,** Liebe dich selbst, auch wenn du deinen Job verlierst. Arkanaverlag, 2009
71. **August von Kotzebue,** Die Versöhnung. Ein Schauspiel in fünf Akten. Deutschland, Kummer, 1798

Die Autorin

Susanne Hauf wurde 1967 in Ingelheim am Rhein
geboren. Nach dem Abitur absolvierte sie ein
Diplomstudium zur Sozialpädagogin. Die Liste der
beruflichen Stationen ist lang. Hauf arbeitete als
Streetworkerin, Profisprecherin, Personzentrierte
Beraterin sowie Trainerin für Stimme und Kommunikation. Zu ihren Lieblingsaktivitäten zählen Yoga
und Tanzen; sie mag Pflanzen und Musik, vertont
gerne Lyrik. Ihre besonderen Fähigkeiten liegen
im Bereich der Empathie; sie mag es, Menschen
zu verbinden. Mit ihren Veröffentlichungen ist die
Autorin bereits in Presse, Rundfunk und als Podcast
vertreten. Hauf lebt heute in Berlin und ist Mutter
einer Tochter.